IQ 106의 일본인

일본인의 의식구조와 문화의 이해

조해경 지음

신아사

프롤로그

국제정치학자이자 역사학자인 에드가 카는 역사란 과거와 현재의 끊임없는 대화라고 정의를 내리고 있다. 또한 역사란 과거의 역사와 현재의 역사를 알면 미래의 역사를 알 수 있다고 한다. 역사학의 석학 토인비는 말한다. 역사란 도전과 응전의 역사이며 역사는 그 자체를 되풀이한다라고 ...

1910년 한일 합병이 된 지 100여 년의 세월이 흘렀다. 만일 1910년의 한일 합병의 역사가 없었더라면 지금의 한국은 어떠한 국가 형태가 되었을까.

일제치하의 40년의 역사로 인해서 한반도는 1945년 2차 대전의 승전국들의 얄타회담의 희생물로서 남북한이 분단된 상황에 놓이게 된다. 다음으로 2차 대전 이후 미국과 구소련인 러시아가 만들어 놓은 냉전 구도 속에서 미국과 러시아의 대리전인 한국전쟁의 비극을 맞이하게 되었다.

만일에 한일 합병이 없었더라면 현재 우리나라는 남북한 분단이라는 비극과 한국전쟁은 일어나지 않았을 것이 분명하다. 한국은 현재 지구상에서 유일하게 남북분단과 냉전존속이라는 비극 속에서 살고 있다. 제4차 산업혁명시대에 남한은 전 세계에서 글로벌 경제브랜드 10위의 경제대국임에도 불구하고 국민들이 안보의 불안 속에 휩싸여 있다.

현재의 남북분단의 원인을 제공한 나라는 분명 일본임에 틀림없다. 우리와 지리적으로 가장 가까우면서 우리와 문화를 비롯하여 상당부분을 공유하고 있는 일본에 대해서 글로벌 시대에 과거 일본의 침략행위에 대해서 적대관계를 유지해 나가야만 할 것인지 아니면 과거사는 완전히 잊어버리고 1965년 한일협정 이후 지속적으로 추진해 온 화해관계를 유지해 나가야 할지에 대해서 생각해 볼 필요가 있다.

일본은 독도문제를 비롯하여 위안부 문제 등 그들이 과거 한국에 대해서 행한 행동에 대해서 미안해하는 마음이 점차적으로 사라지고 있다. 그들의 국보 1호인 사유반가상은 한국의 삼국시대 백제로 부터 물려받은 유산이라는 사실은 기억하고 있지만 현재 일본에 거주하는 약 1백만 명의 한국계 소수민족에 대해서는 여전히 차별을 하고 있는 실정이다.

지금은 글로벌시대이다. 글로벌시대란 국경과 국적이 사라지는 시대이다. 이러한 시대에 한국의 신세대들은 한류를 통해서 일본과 문화적인 차원에서 친선의 교류를 강화해 나가고 있다. 그렇기 때문에 일본이 과거 한국을 식민지화한 행위에 대해서 서로가 이해하여야만 한다. 왜냐하면 과거의 역사로 인해서 한일 간의 관계가 악화되는 경우 한국과 일본 두 나라 모두에게 경제적인 차원에서 뿐만 아니라 문화적인 차원에서 또 다시 상처를 입을 우려가 있기 때문이다.

여기에 더해서 북한의 핵무기 위협에 대해서 한미동맹과 미일동맹을 바탕으로 하는 한미일 삼국이 강한 동맹관계를 유지해 나가야만 한다.

현재 한국은 글로벌 경제 브랜드 세계 10위이며 월드컵 4강 진출이라는 세계 속의 초 일류국가로 발전해 나가고 있다. 현재 세계는 21세기 디지털 혁명으로 인해서 주변 환경이 어지러울 정도로 빛의 속도로 변화를 거듭하고 있다. 동시에 2016년의 다보스 포럼에서 시작된 제4차 산업혁명으로 인해 인공지능인 로봇의 본격적인 등장으로 인해서 인간을 공포의 도가니로 몰아가고 있다.

우리는 과거의 압축성장을 통해서 현재는 선진국 대열에 들어서 있기는 하다. 그러나 우리의 주변 환경을 보면 과거 1백 년 전에 우리가 당했던 환경과 유사한 환경에 처해있다.

구한 말 중국인 외교관 황준헌은 그의 저서 《조선책략》에서 친중국, 연미국, 결일본의 정책을 추진해 나가야 한국이 살아남는다고 하였다. 지금 우리는 미국과 한미동맹을 한국동란 중인 1953년에 맺었다. 또한 일본은 1951년에 샌프란시스코에서 미일동맹을 맺었다. 그 후 미국이 중심이 되어서 한미일 삼국의 방위망이 구축되어 나가고 있다. 한국과 미국과 일본과 중국과의 안보적인 차원에서는 논하는 일은 단순히 기술적인 차원에서 겉으로의 행위에 불과하다.

우리가 알아야 할 사실은 정신적인 차원에서 미국인들이 가지고 있는 사고와 일본인들의 정신과 중국인들의 사상들이 중요한 요소이다. 겉으로 나타나는 기술적인 문제는 시시각각으로 변화시켜 나갈 수 있다. 그러나 정신적인 차원에서의 변화는 불가능하다. 이것은 인간의 존재를 형성하고 있는 내면세계와 외면세계에 비유할 수 있다. 인간이 겉으로 나타나는 외면세계는 자신의 노력으로 쉽게 변화를 추구해 나가고 수정해 나갈 수 있다. 그러나 인간이 가지고 있는 내면세계에 대한 변화는 변화의 속도가 더디고 힘이 든다. 왜냐하면 인간의 내면세계는 오랜 시간을 통해서 습관화 되어져 버렸기 때문이다.

일본인들은 춘추전국시대 이후 지배 계급의 사무라이 정신이 사무라이 뿐 만 아니라 피지배 계급인 농공상인들의 의식구조를 형성하고 있다. 미국인들의 의식구조는 그들이 유럽으로부터 출 유럽행을 하면서 신천지 땅을 개척해 나가면서 형성된 사고가 프런티어 정신인 것이다. 또한 중국인들은 수천 년 동안 그들이 중원천지만을 알고 다른 곳은 이해하지 못하는 사고의 틀 속에서 생활하였기 때문에 중국인들의 사고는 중화사상으로 뭉쳐져 있다.

일본의 사무라이 정신은 일본국의 발전을 위해서는 가장 필요한 정신이다. 그러나 그들의 사상은 이웃나라들에게는 아주 위험한 사고이다. 다시 말하면 안중근 의사는 우리나라로 보면 애국자이지만 일본국에서 볼 때는 테러리스트이다. 오사마 빈 라덴 역시 중동에서는 영웅이지만 미국에서 볼 때는 테러리스트이다.

인간이 형성한 의식구조를 변화시킨다는 것은 거의 불가능한 일이다. 일본의 사무라이 정신은 수백 년 동안 그들의 의식구조를 형성하고 있다. 사무라이 정신은 2차 대전 당시 미국인 루즈 베네딕트 여사가 연구한 일본 민족성은 "국화와 칼"로 표현을 하였다. 당시 미국인들이 보기에는 일본인들은 국화를 사랑하는 문화민족이기는 하지만 몰래 항상 가슴속에 칼을 감추고 다닌다는 민족이라고 표현하였다.

사실상 일본의 역사를 보면 그들은 국화를 사랑하는 좋은 매너와 예의가 바른 민족이기는 하다. 그러나 그들은 항상 힘이 강하게 되면 남의 나라를 침략하는 민족성을 가지고 있다. 다시 말하면 일본은 오다 노부나가, 도요토미 히데요시, 도쿠가와 이에야스의 피가 몸에서 흐르고 있다. 춘추전국 시대에 치열한 경쟁을 통해서 천하를 통일하고 다시 다른 나라를 침략하겠다는 팽창주의적 사고를 물려 받았다.

그들은 섬나라 다시 말하면 쪽발이라는 섬나라 근성을 가지고 있다. 이것을 "사마쿠니 곤조"라고 한다.

일본은 2차 대전 이후 완전히 무장이 해제되어 국제사회에서 홀로 단체적 군사행동은 금지되어져 있다. 이제는 서서히 달라지고 있다. 특히 9.11 테러 이후 미국과 강한 군사적 동맹관계를 유지해 나가고 있으며 이것은 바로 19세기 말과 20세기 초에 일본이 형식상의 패권국 영국과 실질상의 패권국 미국과의 강한 군사적 외교관계를 맺은 것과 같은 차원의 모델을 구상해 볼 수 있다.

당시 일본은 영국과의 영일동맹의 힘을 이용하여 유럽 초강대국 러시아를 격파하였다. 동시에 미국이 중국을 식민지화하는데 앞장

서서 중국 식민지화의 징검다리인 필리핀을 미국이 식민지화 하도록 인정하면서 동시에 일본이 한국을 식민지화 하는데 미국을 끌어들이는 소위 "태프트-가쓰라 조약"을 일본외상 가쓰라와 미국 국무장관 태프트 사이의 조약을 체결하였다.

최근 일본이 미국을 움직여서 유엔 안보리 상임이사국 자리를 노리고 또한 국제적으로 미국 다음의 부통령 자리를 노리고 있다. 이미 일본은 경제적으로 미국 다음의 부통령 자리를 차지하고 있기는 하지만 여기에 만족할 사무라이의 후예들이 아니다.

라스트 사무라이들이 바라는 궁극적인 목표는 바로 세계 패권국의 자리이다. 역사는 그 자체를 되풀이 한다는 토인비의 말과 같이 일본의 사무라이 정신은 무서운 사마쿠니 곤조를 가지고 있다. 일본이 경제대국에서 군사대국으로 변화를 추구해 나가는 양상을 강 건너 불 보듯 해서는 안 될 것이다. 왜냐하면 우리는 과거 일본에게 한번 당했기 때문이다. 자라보고 놀란 가슴 솥뚜껑 보고 놀란다는 말과 같이 일본이 군사적으로 재무장을 하면서 과거 일본에게 한번 당한 한국이나 중국을 비롯하여 미국까지 긴장을 하여야만 한다.

사실상 최근 일본은 자위대의 군사력을 강화시켜 동맹국인 미국을 도와서 걸프전에 참전하는 것을 비롯하여 군사적 행동의 폭을 넓혀 나가고 있다. 동시에 국내적으로 일본 헌법 9조의 조항을 고쳐서 방어를 넘어서 군사적인 선제공격을 할 수 있도록 할 조짐을 보이고 있다. 물론 사무라이는 과거와 같은 군사적인 행동을 하지는 않겠지만 그들이 가지고 있는 기질을 피해나가기는 어려울 것이다.

이 책은 최근 한일관계에서 독도문제를 비롯하여 위안부 문제 등 한일관계의 역사적인 면에서 새로운 정립을 위해서 국제정치학적인 시각과 철학적인 사고를 바탕으로 하여 일본의 사무라이 정신을 분석하였다. 또한 현재 패권국인 미국이 가지고 있는 프런티어 정신의 형성과정을 역사적인 차원에서 분석하였다. 여기에다 패권국 미국의 도전국으로서 현재 미국이 가장 두려워하는 G2국가인 황룡 중국의 중화사상을 분석하고 있다.

냉전종식 이후 러시아의 몰락으로 현재까지 패권국 미국에 대한 도전국이 나타나지 않고 있다. 그러나 현재와 앞으로의 전망으로 보아서는 중국과 일본이 미국의 패권국에 도전하는 국가가 될 가능성이 가장 크다고 할 수 있다. 중국과 일본의 동북아에서의 헤게모니 전쟁에서 승자가 바로 미국의 도전국으로 등장할 것이다.

의식 구조적 측면에서 보면 일본의 사무라이가 중국의 중화사상을 이길 가능성이 크다. 중화사상에는 도전 정신이 결여된 중원천지를 오로지 지키기만 하겠다는 진시황의 만리장성과 같은 응전의 사상 때문이다. 일본의 사무라이는 섬나라에서 육지로 진군하겠다는 도전 정신으로 가득 차 있다. 일본과 중국의 헤게모니 전은 바로 1세기 전에 우리가 보았던 청일전쟁에서 일본이 승리한 모델이 재연될 가능성이 크다.

중국과 일본의 헤게모니 전에서 이웃나라인 우리나라가 중간에 끼어져 있다. 일본의 사무라이 기질을 대표하는 도요토미 히데요시가 일본천하를 통일하고 중국 침략을 위해서 우리에게 길을 비켜 달라고 하면서 한국을 침공한 임진왜란의 역사적 사실을 다시 생각하여야만 한다. 또한 청일전쟁에서 승리한 이후 한국을 일본의 식민지화한 사실을 기억하여야만 한다. 일본과 중국의 헤게모니 쟁탈전의 피해자는 바로 일본과 중국 사이에 끼여져 있는 한국이 피해 당사자가 될 가능성이 있는 것이다.

이 책은 한국이 초일류국으로 가는 전초적인 역할을 할 수 있도록 하기 위해서 현재 세계 3대 강국인 미국과 일본과 중국을 국제정치학적의 이론을 토대로 한 사상사적 관점에서 이 3국을 연구 분석하였다. 그러나 이 과정에서 상당부분을 일본의 사무라이에 대해서 연구 분석하는데 초점을 맞추어 나갔다.

현재 독도분쟁을 일으키고 위안부 인권침해 및 신사참배를 하고 유엔안보리에 상임이사국을 희망하고 세계 제2의 경제대국이라는 것을 국제사회에 표방하면서 IMF 국제통화기금을 미국 다음인 6 퍼센트를 보유하고 미국과는 군사적으로 미일동맹을 더욱 공고한 유대관계를 유지하고 자국의 보수주의자들은 군국주의에 대한 향수에 미쳐서 일본 헌법 9조를 고치려는 움직임을 보이고 있는 일본의 현 상황을 우리는 그냥 강 건너 불 보듯 무심코 넘겨서는 안 된다.

베네딕트 여사의 '국화와 칼'에서 검을 옷 속 깊숙이 감추고 있는 일본의 사무라이들을 생각하고 단단한 준비를 하여야 한다는 사고를 현대를 살아가는 독자들에게 전하고자 하는 뜻에 이 책의 의미를 부여하고자 한다.

한일합병 이후 1세기 동안 우리는 엄청나게 험난한 길을 걸어 왔으며 앞으로도 남북이 분단된 상황에서 반드시 통일은 조만간에 이루어져야만 한다는 압박감에 시달리고 있다. 이미 언급한 것처럼 이 지구상에 유일하게 한민족이 공동체가 되지 못하고 분단된 나라는 유일 한국뿐이다.

통일을 위해서는 우리는 현재 남북한 분단의 간접적인 영향을 준 일본과 분단의 직접적인 영향으로 1945년의 얄타협정을 주도한 현재 유일 패권국 미국에 대해서 미국인들이 즐겨 먹는 햄버거와 일본인들이 즐겨먹는 가케우동에 소금을 잔뜩 집어넣어서 그들이 반성을 할 수 있도록 함과 동시에 우리 민족이 정체성을 가지고 미국과 일본보다는 약소국이기는 하지만 강대국 외교 면모를 그들에게 보여야만 얼마 후 우리는 스스로 남북이 통일되는 미래를 기대할 수 있다.

마지막으로 이 책을 출간하는데 끝까지 도움을 주신 신아사 출판사 정현걸 대표님과 편집부 이하 많은 분들께 감사를 드린다.

2017년 9월

초가을 기운이 감도는 개화산 기슭 우거에서
유유히 흐르는 한강을 바라보면서

조해경

목 차

제1장

어린이는
어른의 아버지

1 왜 칼과 국화인가

1940년대 2차 세계대전 초반에 쓰인 루즈 베네딕스 여사의 명저 《국화와 칼》을 '칼과 국화'라는 제목을 바꾸어서 이 글을 다시 쓰고 싶어진다. 고노담화의 수정문제, 아베의 영혼 없는 야스쿠니 신사참배, 독도는 일본 땅, 2차 세계대전과 전범에 대한 영웅시, 역사왜곡, 헌법 9조 개정, 안중근 의사를 테러리스트로 몰아붙이기, 36년간의 한국 지배에 대한 우월감 등등에 대해서 일본민족은 과연 정신이 나간 민족이 아니면 이러한 행동과 발언을 할 수 있을까.

일본인은 국화와 칼을 가진 민족인가. 일본인은 국화를 사랑하는 문화민족이기는 하다. 일본하면 먼저 떠오르는 북해도의 눈이 많이 오는 나라, 눈 덮인 후지산, 집집마다 처마와 처마를 길게 하여 눈 많이 오는 날 처마 사이를 다닐 수 있는 길, 가부끼, 기모노, 스모, 온천수 등 많은 낭만을 그려낼 수 있는 문화민족임에 틀림없기는 하다.

일본인들은 국화를 사랑하고 꽃 중에 가장 좋은 꽃을 벚꽃이라고 한다. 일본이 사랑하는 꽃인 벚꽃은 사실상 아름답다. 벚꽃이 피어서 만발할 때는 백일홍보다도 더 청순함이 있다. 그러나 꽃이 질 때는 더욱더 섬세함과 화려함의 꽃무리의 극치를 보여주고 있다. 창밖에 꽃잎이 눈처럼 날리면서 수만 마리의 흰 나비떼가 날개를 퍼득 거리면서 날아가는 아름다움의 연상을 만든다. 과연 국화를 사랑하는 문화민족이기는 하다.

한국과 일본은 문화적으로 서로 동질감을 느끼게 하고 있다. 일본 북해도의 눈을 배경으로 한 소설이자 노벨수상작품인 가와바다 야스나리의 《설국》에 일본인들이 매료되었듯이 또다시 일본인들은 한국의 영화 <겨울연가>의 배용준을 욘사마라고 부르고, 최지우를 사랑한 이유가 바로 한국인과 일본인의 동질감에 매료되었기 때문이다.

이처럼 한국에 대한 문화적 동질감으로 한류 열풍에 빠진 일본은 왜 정치적 차원에서는 한국에 칼을 빼내 들려고 하는가. 그 이유를 들어보면

첫째, 국제사회에서 경제대국으로 인정을 받기는 하지만, 군사적 힘을 만들어서 전쟁을 일으켜 다시 한국을 식민지화시키고 중국과 러시아와의 전쟁을 하여 승리의 깃발을 올리고 싶은 것이다.

둘째, 이기고 지는 것은 둘째 문제이고 로마 이래 최강대국 미국과의 한판 전쟁을 벌여 영웅심을 발휘할 기회를 놓친 것에 대한 상실감 때문이다.

다시 말하면 일본은 이제 다시 과거의 향수에 젖어서 전쟁광으로 변하고 있는 것이다. 현재 미국과 일본은 죽이 잘 맞는다. 미국의 프런티어와 일본의 사무라이는 맥이 통하고 있다. 미국의 프런티어 정신(frontier, 개척지와 미개척지와의 경계선을 이르던 말)과 일본의 사무라이 정신은 호전적(好戰的)이다. 미국의 프런티어는 강한 백인 남성

중심의 사회를 요구하고, 일본의 사무라이 역시 남성 위주의 가부장적인 사회를 기반으로 한다.

포장마차의 원조는 미국이다. 한국인은 '포장마차' 하면 추운 겨울 눈 오는 밤 친구와 함께 스스럼없이 소주잔에 격식 없이 옛이야기를 지줄 대는 모습을 떠올린다. 미국인은 '포장마차' 하면 머리에 짐승가죽으로 만든 띠를 동여매고 총을 겨누는 인디언과 두 뿔로 거세게 돌진해오는 버팔로부터 생각한다.

일본인들은 '포장마차'하면 오뎅 국물에 일본 춘추전국시대의 영웅인 오다 노부나가, 도요토미 히데요시, 도쿠가와 이예야스의 이야기인 울지 않는 새 이야기, 막부의 에도시대의 사무라이의 무용담, 기생 게이샤와 사무라이 연애담과 추리소설 이야기들을 떠올릴 것이다. 특히 일본인들은 포장마차에 앉아 '울지 않는 새를 오다 노부나가는 그 자리에서 죽여 버린다, 도요토미 히데요시는 때려서 울도록 만든다, 도쿠가와 이에야스는 울 때까지 기다릴 것이다'라는 문제로 논쟁을 벌일 것이다. 여기서 일본인들은 이예야스를 가장 존경하는 영웅으로 결론을 내릴 것이다.

미국인들이 가장 좋아하는 그림은 '벤저민 웨스트의 울프장군의 죽음'이다. 이것은 미국인들 역시 일본인들과 마찬가지로 전쟁을 좋아하는 민족이라는 것을 의미한다.

미국은 문화가 약하다. 1000년간 계속된 유럽의 수도사 문화를 헌신짝 버리듯이 버렸다. 물론 오직 하느님이 가장 사랑한 천사 라파엘의 말만 믿고, 밀턴의 실낙원을 부정하고 찾아 나선 신천지 아메리카 대륙에서 새로운 미국문화를 창조해내기는 하였다.

미국은 낭만주의를 거치지 못했기 때문에 낭만이 없다. 낭만이 없는 미국인들은 달 밝은 밤 콜로라도 강을 보면서 아름다움보다는 강의 물살부터 본다. 왜냐하면 강을 어떻게 하면 수월하게 건너갈까 하는 생각부터 하기 때문이다. 또한 아름답고 낭만이 가득한 노을 진 대서양 모래사장을 거닐면서 미국인들은 식인상어떼부터 생각한다. 이를 두고 영국작가 찰스 디킨즈는 미국을 문화가 없는 야만족이라고 비난하였다.

미국의 역사흐름과 사고를 나타내는 5개의 소설을 들 수 있다. 제1기는 영국의 셰익스피어에 해당하는 다니엘 호손의 《주홍글씨》이다. 바로 초창기 청교도 정신을 나타내는 소설이다. 다음 제2기는 허먼 멜빌의 《모비딕》이다. 서부 개척과정에서 자연과의 싸움을 나타내는 소설이다. 제3기는 마크 트웨인의 《허클베리 핀의 모험》이다. 이 소설은 미국인들이 서부개척의 중반기에 새로운 개척정신을 불어넣은 소설이다. 제4기는 제임스 페니모어 쿠퍼의 《라스트 모히칸》이다. 이 소설은 인디언과 동침을 필요로 하는 소설이다. 마지막 제5기는 스콧 피츠제럴드의 《위대한 캐츠비》로서 미국사회의 안정을 필요로 하는 소설이다.

일본의 문화는 동양 삼국 중에서 가장 약하다. 미국 문화가 유럽 문화보다 약한 것과 같은 맥락에서 이해할 수 있다. 일본은 춘추전국 시대를 거쳐서 막부시대에 들어서면서 막부의 평화가 지속되면서 애도시대의 애도문화가 꽃을 피웠다.

미국인들과 일본인들이 문화의 원조인 영국인이나 한국인들보다 공격적이고 전쟁을 좋아하고 소프트파워보다는 총과 칼과 같은 무기인 하드파워를 좋아하는 이유는 무의식 상태에서 문화적 열등감을 만회하려는 사고 때문이다.

인간의 의식은 즉자대립(in itself)과 대자대립(for itself)으로 구성되어져 있다. 대체적으로 말하면 대자(for itself)는 의식을 말하며 즉자(in itself)는 존재를 의미한다. 즉자는 대자를 향해서 죽는 날까지 달려 나간다. 그런데 인간이 부족하면 할수록 즉자의 속도는 더욱더 크고 거세다. 현재 일본이 과거사에 대한 반성은 커녕 더욱더 과격하고 무례한 행동을 하는 것은 바로 이러한 문화적인 열등감으로 인해 무의식적으로 하는 행동인 것이다.

미국문화의 원조인 영국인과 일본문화의 원조인 중국과 한국인들을 비교하면 이해가 쉽다. 영국인들은 항상 고뇌에 차있고 조심성이 있고 신중하게 행동한다. 영국인 코미디언 Mr. 빈을 보면 알 수 있다. 가령 어떤 여인을 사랑하는 경우 영국인들은 여러 가지로 따져서 과연 자신이 그 여인을 사랑할 자격이 있는지부터 심사숙고하게 생각한 이후에 프러포즈를 한다. 그런데 미국인들은 앞뒤를 생각하지 않고 무조건 달려가서 신중하지 못하게 행동부터하고는 뒷감당은 하지 못하는 성격의 소유자들이다.

한국인의 경우도 자신이 사랑하는 여인이 있는 경우에 조건을 따져서 자신이 행복하게 할 자격이 있는지를 생각하고 난 이후에 프러포즈를 한다. 그러나 일본인들의 경우는 한국인들보다 조금은 더 과격한 행동을 하는 경향이 있다.

미국인들은 문화이야기를 하면 좋아한다. 일본인들 역시 문화민족을 한 단계 높이 보고 존경한다. 가령 로댕의 생각하는 사람의 그림이 그려져 있는 컵을 사용한다거나 마시는 차의 종류가 고급스러우면 높이 평가한다. 문화적인 매너를 갖춘 인물을 높이 평가하는 것이다.

일본인들이 제국시대에 자국의 영웅이자 조선의 총독부의 총독인 이토 히로부미를 암살한 안중근 의사를 테러리스트로 몰아세운 것은 일본이 한국의 식민지 지배에 대한 진정한 반성이 없다는 것을 의미한다. 물론 오사마 빈 라덴은 중동에서는 영웅이지만 미국에서 볼 때는 테러리스트이다. 그러나 한국 민족의 영웅인 안중근 의사를 빈 라덴과 같이 생각하는 일본인들의 사고에는 큰 문제가 있는 것이다. 아직까지 일본은 국제사회에서 전쟁을 일으킬 만큼의 하드파워는 갖추고 있지 못하지만 조만간에 갑자기 군비를 확장하여 힘이 생기게 되면 한국과 중국, 미국을 침략하는 세계 전쟁을 일으킬 소질을 다분히 담고 있다.

한국의 역사를 한마디로 표현하면 '내그러움의 역사'라고 할 수 있다. '내그럽다'라는 말은 마르지 않은 생소나무 가지를 태워서 나오는 허옇고 뿌연 색깔의 매캐한 연기를 들여 마셨을 때 가슴속에서 타는 듯하게 느끼는 무어라고 표현할 수 없는 바로 그 심정이라고나 할까.

아무튼 한국은 현대사에서 한국을 세계 유일하게 분단국으로 만들어지고 여기에 더해서 전 세계가 냉전이 종식 되었음에도 불구하고 아직도 냉전이 그대로 존재하고 있는 가장 불행한 국가이다. 그

장본인이 바로 일본과 미국이다.

국제사회에서 일본인들은 어떠한 성향을 가진 사람들로 평가를 받고 있는가. 이러한 질문에 대해서는 재미있는 예를 들어서 설명을 할 수가 있다.

호주에서만 서식하는 코알라에 대해서 2개월 동안 연구를 하고서 코알라에 대해서 연구 결과 보고서를 제출하라는 주제를 주면 일본인들은 과연 어떻게 이 문제를 처리하고 보고서를 작성할 것인가? 일본과 각국의 민족성을 비교하기 위해서 일본인, 미국인, 영국인, 독일인, 프랑스인, 러시아인들에게도 같은 코알라 연구라는 주제를 주어 보자.

우선 영국인들은 이 주제를 받으면 영국인들의 기본 철학인 경험주의를 바탕으로 이 주제를 어떻게 해결할 것인가에 대한 방법을 모색할 것이다. 영국의 경험주의는 실증주의를 바탕으로 하고 있기 때문에 우선적으로 경험을 가장 중요시 여기고 있다.

현대 서양인의 사고를 이루는 양대 산맥은 고대 그리스 시대의 플라톤 철학과 아리스토텔레스 철학이다. 영국과 미국인의 사고는 아리스토텔레스 경험주의 철학을 바탕으로 하고 있으나, 반면에 대륙국인 독일인이나 프랑스인의 사고는 플라톤 관념주의 사상을 바탕으로 하고 있다.

따라서 미국인과 영국인은 실증주의를 토대로 우선 코알라의 서식지인 호주로 비행기 표를 구입하여 호주에 간다는 것은 똑같다. 하지만 여기에서부터 차이가 생겨난다. 그 다음에 영국인은 호주에서 코알라와 함께 생활하면서 그들의 생태를 면밀하게 관찰하고서 경험을 토대로 보고서를 작성할 것이다.

영국과 같은 실증주의를 바탕으로 하는 미국은 영국의 경험주의에 한 단계 더 높여서 실용주의를 택하고 있다. 미국인은 영국인과 다르게 실험실을 만들어서 관찰한 결과에 대한 실험을 할 것이다. 이 점이 미국인과 영국인의 차이점이다. 미국인이 한 단계 더 높은 과학적인 사고를 가지고 있기 때문이다.

그러면 대륙의 관념주의를 토대로 한 독일인은 코알라 과제에 대해서 어떻게 문제를 해결 할까? 독일들은 과제에 접하면 우선 도서관부터 찾아가서 두 달 동안 도서관에서 코알라에 대한 자료수집과 함께 자료를 바탕으로 연구를 하여 거대한 분량의 연구 보고서를 쓸 것이다. 관념주의란 현실과는 동떨어진 이상주의라는 것을 포함하고 있다. 독일의 이러한 관념론은 실용과는 어느 정도 거리가 먼 이상주의적 성향이 강한 민족성이다. 독일의 음악 등 예술분야에서 웅장함을 나타내는 이유가 바로 이러한 관념주의 사상을 바탕으로 하고 있기 때문이다.

그렇다면 독일과 같이 관념주의를 바탕으로 하는 프랑스의 경우는 어떠한가? 프랑스인들은 특유의 재치가 있다. 그들은 두 달 가까이 놀다가 마지막 날 동네 주변의 코알라가 있는 동물원으로 달려가서 코알라에게 과자와 먹이를 주고서 손으로 코알라를 콕콕 찔러보거나 아니면 코알라를 놀리면서 1시간 가량 관찰하고서는 돌아온다. 그리고는 코알라에 대해서 프랑스인 특유의 재치를 바탕으로 보고서를 작성할 것이다. 이것은 프랑스인들이 가지고 있는 특유의 재담인 것이다. 프랑스인들이 노벨 문학상 분야에서 어느 나라도 따라오지 못하는 원인이 바로 프랑스인들만이 가지고 있는 특유의 재치성 때문이다.

다음으로 러시아인들은 '철의 장막'이라는 말과 같이 아무와도 상의를 하지 않고 그 주제에 대해서 혼자만이 생각하고 있다가 도서관과 동물원으로 드나들면서 연구를 하여 아무도 모르게 보고서를 작성할 것이다. 이것은 러시아인만이 가지고 있는 흑곰과 같은 특성 때문이다.

이제 본론에서 일본인들에게 만일 이 주제를 준다면 그들은 어떻게 이 문제를 해결할까? 일본인들은 우선적으로 영국인과 미국인들에게 상의를 하고 그들이 만들어 놓은 연구 보고서의 장점만을 골라서 모방할 것이다. 또한 독일인이나 프랑스인들과도 사귀어서 코알라에 대한 좋은 정보를 입수할 것이다. 러시아까지 시도를 하기는 하지만 러시아인들은 정보를 주지 않을 것이다. 그런 다음 일본인들은 그 정보를 토대로 하여 일본인들만의 특유의 사고를 바탕으로 하는 연구보고서를 만들어 낼 것이다.

결론적으로 위의 5개국 중에서 질 좋은 연구보고서의 순서를 매긴다면 가장 좋은 연구보고서는 일본인이 만들어낸 보고서이며, 가장 나쁜 연구 보고서는 러시아인이 만든 연구 보고서이다. 이처럼 일본인들은 남의 것을 모방하는 면에서 가히 천재적인 재능을 가지고 있다. 중국이 급부상하기 전까지 일본이 경제대국 2위의 자리를 유지할 수 있었던 것은 모방정신을 바탕으로 모방한 것을 자기 것으로 변화시키는 재주가 뛰어나기 때문이다.

***

세계 IQ 조사위원회의 조사에 의하면 IQ가 가장 높은 민족은 유태인이다. 한국과 일본인들의 평균 IQ는 그 다음에 해당된다. 한국 국민들의 평균 IQ는 106정도이고, 일본 역시 105내지 106으로 한국과 거의 비슷한 수준이다. 유럽이나 미국인들의 평균 IQ는 100 정도로 한국과 일본보다는 지능이 조금 낮다.

IQ가 높은 일본인들은 '사이 간(間)'을 가장 중요시 여긴다. 이 말은 일본인은 예의를 가장 중요시 여기기 때문에 절대로 남에게 피해를 주거나 신세를 지는 일을 싫어한다. 특히 남에게 은혜를 입는 경우에는 반드시 그 보답을 하지 않으면 불안해서 어쩔 줄을 모른다.

IQ가 높으면서 예의바른 일본 민족은 한일관계에 대한 역사문제만 대두되면 왜 약삭빠른 고양이가 되어 버리는가. 일본인들은 한일관계에 대한 역사 소양이 부족한 야만민족인가. 아니다. 제국주의 시대의 일본 역사에 대해 자부심으로 가득 차 있기 때문이다. 그래서 그들은 후손들에게 자신들이 일으킨 만주 사변과 2차 세계대전을 비롯한 청일전쟁과 노일전쟁(러일전쟁)의 승리를 일본의 자랑스러운 역사로 기록하기 위해서 왜곡된 역사를 남기고 있다. 특히 일본인들은 청일전쟁과 노일전쟁(러일전쟁)에서의 승리는 일본인들이 자랑하는 사무라이 정신이 만들어준 결과라고 후손들에게 떠벌리고 있다.

일본인들이 가장 많이 사용하는 말은 '벼는 익으면 익을수록 고개를 숙인다'라는 말이다. 이 말은 사람이 머릿속에 지식이 많으면 많을수록 겸손해진다는 의미인데, 이 때문에 일본인들은 웬만해서는 자신을 자랑하지 않는다. 그런데 청일전쟁이나 러일전쟁의 승리에 대해서 만큼은 절대로 겸손하지 않다.

최근 아베 총리의 야스쿠니 신사 참배를 비롯하여 일본의 정치인들은 2차 세계대전 전범들의 영혼 사당인 야스쿠니 신사 참배에 대해서 아무런 죄책감을 느끼지 않고 참배를 한다.

국민들의 여론에 의해서 살아가는 사람들은 정치인들이다. 정치인들은 국민의 인기에 의해서 먹고 사는 사람들이다. 따라서 만일 일본 국민들이 야스쿠니 신사 참배에 대해서 진심으로 사죄하고 있다면 죄인들의 영혼이 있는 야스쿠니에서 참배하겠는가.

일본인들이 국제사회에서 가장 예의바른 국민으로 평가가 나있는데, 일본 역사 교과서 왜곡 사건에 대해서는 절대로 한발도 물러서지 않고 있다. 이것은 일본이 한국의 독도문제에 대해서도 물러서지 않고 자신들의 땅이라고 주장하는 것과 같은 맥락에서 이해할 수 있다. 오히려 그들은 지금 '독도가 자신들의 땅'이라는 사실을 입증하기 위해서 역사전문가들을 불러 모아서 입증하는 방법을 모색하고 있다.

위안부 문제 같은 경우에는 사실, 1965년 한일회담에서 우리나라가 돈을 빌리기 위해 그 문제를 눈감아 주었다. 굴욕적인 외교가 아닐 수 없다. 하지만 1993년 고노담화를 통해서 당시 일본관방장관인 고노 요헤이는 위안부 문제에 일본이 개입한 사실을 인정함과 동시에 사과하는 성명서를 발표하였다. 그런데 일본은 최근 고노담화를 수정하려고 하고 있다. 그 이유는 무엇인가?

사회계약론자인 루소의 사회 계약론에서 가장 많이 사용하는 '고상한 야만인'이라는 말이 바로 일본인들에게 적용하면 가장 잘 어울리는 말이라는 생각이 든다.

고상한 야만인 일본은 한일관계에 대해서 역사를 모르는 민족이 아니라 역사에 대해서 우월감을 노출시키고 있는 것이다. 과거의 제국주의 시대에 한국과 만주정벌 및 중국대륙을 짓밟은 역사에 대서 우월감을 표출하기 위해서 '독도는 일본 땅'이라는 주장으로 국제사회에 표방하고 나섰다.

동시에 일본은 국제사법 재판소에 독도문제를 자신의 영토라고 소송을 제기하였다. 일본이 독도문제에 대해서 한국과의 협상을 통해서 문제를 해결하지 않고 바로 국제사법재판소의 판결을 바라는 원인은 2가지로 볼 수 있다.

첫째, 뚜렷한 입증 자료가 없다.

독도가 일본 땅이라는 사실은 단지 일본이 일제 40년간 한국의 통치기간 동안에 만들어 놓은 역사적 사실의 왜곡 외에는 아무런 입증 자료를 가지고 있지 않다. 당연히 한국과 협상을 해보아야 자신들에게 불리하다는 것을 잘 알고 있다.

둘째, 일본은 국제사회에서 한국보다 신뢰성이 높다는 사실을 바탕으로 하고 있다.

일본은 2차 세계대전 이후에 1970년대에 들어서면서 미국 다음의 세계 2위의 경제대국으로 자리를 잡고 있기 때문이다. 일본은 얼마 전까지만 해도 경제후진국으로 국제사회에서는 한국전쟁 외에는 잘 알려져 있지 않은 한국보다는 신뢰도가 높다. 이러한 경제대국이면서 신뢰도가 높다는 점에서 독도문제 역시 국제사회에서 일본에게 손을 들어주리라는 기대감 때문이다. 독도문제를 한국과 일본의 당사국이 아닌 국제사회에 이 문제를 넘기자는 의도인 것이다.

하지만 문제는 국제사회가 당사자인 한국과 일본만큼 잘 모른다는 점이다. 특히 동양의 역사에 대해서 그들이 아는 범위는 한일관계의 문제 정도로만 알고 있다.

일본인들은 국제사회에서 국가 간의 관계 역시 매우 중요시 여긴다. 일본은 국제사회에서 독도문제가 아닌 다른 여러 문제들에 대해서도 오랫동안 로비를 벌여서 신뢰를 쌓아 놓았다. 독도문제에 대해서 로비를 하지 않아도 이미 로비를 한 것과 마찬가지인 것이다. 한국인들이 국제사회에서 로비를 가장 잘하지 못하는 국가로 소문이나 있다.

로비는 국제사회에서 정당하고 합법화되어 있다. 이스라엘과 대만이 워싱턴에 대해서 대 아랍국가 문제와 대 중국 문제에 대해서 워싱턴 정가에서 로비를 잘하고 있다는 소문이 무성하다. 따라서 워싱턴에서는 현재의 이스라엘이 아랍국가와 맞서고 대만이 중국에 흡수통일되지 않는 원인이 바로 로비의 결과로 간주하고 있다.

대만과 이스라엘은 무슨 일이 발생하고 나서 허겁지겁 로비를 하는 것이 아니라, 평소 관리를 잘하다가 문제가 발생하면 그 문제에 대해서 나서지 않더라도 쉽게 그 문제를 해결할 능력을 갖추고 있는 것이다. 일본 역시 평소에 로비를 잘하는 국가로 국제사회에서 잘 알려져 있다. 그런데 한국의 경우에는 평소에는 가만히 있다가 문제가 발생하면 그때에 로비를 시작하는 아주 나쁜 로비방법을 택하고 있다. 이것은 전 세계에서 아주 잘 알려져 있다. 일이 발생하고 나서 로비를 하는 방법은 아주 나쁘며 잘못하는 경우에는 역효과가 생기게 된다.

과거 주한미군 철수 문제를 두고서 발생한 박동선 사건, 즉 코리아게이트는 바로 그 대표적인 케이스이다. 이것은 남에게 부탁하기 싫어하고 자신만 믿고 원칙대로 살아가려는 한국 민족의 기질 때문에 로비를 잘못하는 것이다. 그러나 일본은 민족성이 '약삭빠른 생쥐'로 통한다. 그래서 지금 추진하는 독도문제를 국제사법재판소의 판결에 의존하는 경우, 일본은 승산의 가능성을 크게 열어 놓고 있다는 생각을 가지고 있다.

국제사법재판소는 옳고 그름은 단지 국제법에 의존하고 있기 때문에 단지 판결만 할뿐 국내법과 같은 강제력은 없다. 한국은 비록 국제사법재판소에서 '독도가 일본 땅'이라고 일본에게 손을 들어주더라도 승복하지 않을 것이다. 독도문제는 고상한 야만인 일본이 역사를 다시 연구하여 '독도는 한국 땅'이라는 사실을 인정하기 전까지 상당한 시간이 걸린 후에야 문제가 해결되리라고 생각된다.

***

프랑스 혁명과 나폴레옹전쟁(1797~1815, 프랑스 혁명 당시 프랑스가 나폴레옹 1세의 지휘하에 유럽의 여러 나라와 싸운 전쟁의 총칭)은 전 유럽을 광란의 도가니로 몰아넣었다. 전 유럽 국가들은 프랑스혁명에 반대를 하였다. 영국의 사상가이자 보수주의를 대변하는 철학자 에드먼드 버크 역시 점진적인 개혁을 통해서 사회가 변화하기를 원했다.

프랑스를 안정화시키고서 나타난 영웅이 나폴레옹이었다. 나폴레옹은 독일을 비롯하여 유럽 전 지역을 정복하였다(나폴레옹전쟁은 처음에 프랑스 혁명을 방위하는 성격이었으나, 차차 침략적인 것으로 변하여 나폴레옹은 유럽제국과 50회 이상의 전쟁을 일으켰다).

이렇게 프랑스에게 패한 독일의 프로이센 국민에게 희망을 주기 위해서 철학자 피히테는 <독일국민에게 고함>이라는 연설을 하였다.

1. 독일은 정치 문화적으로 세계에서 가장 우월한 민족이다.

독일민족의 우월성은 중세 신 중심 사회에서 벗어나는 틀을 제공한 마르틴 루터의 종교개혁에서부터 시작되었다.

2. 라틴어 등과는 다른 독일민족 특유의 언어를 유지하고 있다.

유럽의 영국이나 스페인이나 프랑스 등의 국가들은 모두가 비슷한 어원을 바탕으로 하지만, 유독 독일민족은 이러한 라틴어를 어원으로 하는 국가들의 언어와는 다르다.

3. 독일은 로마시대에도 이태리에게 패한 적이 없는 강한 민족이다.

피히테 이후, 독일은 독일 민족성의 우월성을 바탕으로 평화주의 국가가 아닌 전쟁을 바탕으로 하는 제국주의적 사고를 가지게 되었다.

피히테 이후 나타난 헤겔 역시 독일 민족의 우월성과 권력을 바탕으로 하는 철학적 토대를 마련했다. 헤겔의 《국가론》에서 모든 국가는 발전을 하고 그 최고의 단계의 국가가 바로 독일이라는 것이다. 헤겔의 변증법적 철학적 접근법인 정-반-합의 논리에서 최고의 국가는 독일이라는 모델을 제시하고 있다. 헤겔은 청년기에 멀리서 나폴레옹의 마차가 먼지를 일으키면서 나타나는 것을 보고 인간에게 권력이 얼마나 중요한가를 느끼기 시작하였다고 한다. 그래서 영웅 나폴레옹을 숭배하고, 권력을 연구하기 시작하였다고 한다.

피히테가 만들어 놓은 독일민족, 즉 게르만 민족의 우월성은 비스마르크가 독일민족 전체를 통합하면서 강한 힘을 발휘하기 시작하여, 비스마르크 이후 영국을 제치고 유럽의 최강국이 되었다. 1, 2차 세계대전 역시 독일의 빌헬름 2세와 히틀러에 의한 독일민족이 타민족보다는 우수한 민족이라는 것을 보여주기 위한 민족우월의 상징성을 보여주기 위한 전쟁이었다.

동양에서 민족의 우월성을 사상적인 차원에서 이용한 것이 일본이다. 일본은 독일과 마찬가지로 오랫동안의 춘추전국시대를 거쳐서 도쿠가와 이에야스 이후 260년 동안의 막부시대를 거치면서 비교적 평화로운 시대를 맞이하였다.

막부의 힘을 얻어 천황 복귀가 시작되고 메이지 유신으로 힘이 강화되자 일본은 강한 민족성을 바탕으로 전쟁을 일으켰다. 독일이 로마시대에 이태리에게 패한 적이 없다고 생각하는 것처럼 일본 역시 전쟁에서 한 번도 패한 적이 없어 '전쟁을 하면 반드시 이긴다'는 생각을 가지고 있었다.

1차 세계대전에서 일본은 영국과의 동맹관계를 맺고 있었기 때문에 자동적으로 독일에게 선전포고를 하고 참전하게 되었다. 1902년 일본은 영국과의 동맹조약을 체결하여 1904년 러일전쟁에서 유럽 최강국인 러시아를 꺾고 승리를 거두었다. 이후 일본에게 쏟아진 세계적인 관심은 당연했다. 일본은 동양국가에 위치해 있으면서도 서구사회의 문화국가로 분리되었다. 일본이 발달된 서구문화체제로 탈바꿈하는데 성공을 거두었고, 서양강대국들과 처음으로 1차 세계대전에 참전하여 승리를 거두었기 때문이다.

1차 세계대전으로 인해서 일본은 동양무대를 벗어나 국제무대에서 자신들의 내면에 잠재돼 있던 사무라이 정신을 발휘할 기회를 얻을 수 있었다. 칼로 일본을 다스렸던 사무라이는 총을 가지고 국제사회로 이동하게 되었다. 자연히 일본의 사무라이 정신은 일본지배에서 동양지배를 거쳐서 세계 패권에 대한 지배욕으로 변화하게 되었다.

처음으로 춘추전국시대에 일본 천하를 통일한 오다 노부나가의 부하인 도요토미 히데요시의 일본은 동양무대에서 당시 패권국인 중국과의 전쟁을 목표로 한국을 침략하여 임진왜란을 일으켰다. 이것은 일본인들이 오랫동안 좁은 섬나라 안에서 길러진 '침략사상'

을 잘 보여주고 있다. 일본인들은 한 구심점을 중심으로 밀고 나가는 사무라이 정신을 바탕으로 정치적인 차원에서 막부권력에서 천왕으로 권력을 이동시키는데 성공하였다. 이것은 충효관계에서 국가에 대한 충을 가족의 효보다도 더욱더 중요시 여기는 사상과도 연결되어 있다.

1차 세계대전 이후, 일본 사무라이의 침략사상은 러일전쟁에서 승리한 후 만주지방에서 기득권을 획득하면서 만주국에 대한 식민지화를 목표로 정하고 만주사변을 일으켰다. 사실상 2차 세계대전을 일본이 빌미를 제공하게 된 것이다. 중국 국민당의 지원을 얻은 만주국은 일본과의 전쟁을 거쳐 결국 중국과 일본의 전쟁으로 확대되었다.

한편 서구에서는 독일의 제3제국이 히틀러를 중심으로 하여 세계 패권국으로 일어나기 위해 전쟁을 신포하고 나섰다. 이처럼 일본과 독일은 '민족의 우월성'을 바탕으로 1, 2차 세계대전을 일으켰다.

일본의 수백 년간 계속된 사무라이 정신에서 탈바꿈한 것이 바로 '제국주의 정신'이다. 사무라이 정신이나 제국주의 정신은 같은 맥락에서 이해해야 한다. 사무라이나 제국주의 정신은 바로 침략사상을 바탕으로 하고 있기 때문이다. 사무라이 정신과 제국주의 정신의 차이점이라면 사무라이 정신은 일본 본국 내에의 침략사상이고, 제국주의는 전 세계를 상대로 한 침략사상이라는 것이다.

일본인들은 오랫동안의 춘추전국시대에서 길러진 다른 지역에 대한 침략행위에 대해서 즐기고 있는 것이다. 그들은 다른 나라를 침략하는 행위에 희열을 느낀다. 이미 일본의 침략사상은 루스 베네딕트 여사의 저서 《국화와 칼》에서도 그들의 민족성이 잘 표현되어 있다. 그중에서도 필자는 일본이 국화를 사랑하는 문화민족이라는 점보다 일본 민족이 이면에 칼을 숨기고 있다는 표현에 대해 공감한다.

한편, 한국의 민족성에 대해서 서양의 국가들은 일본과는 완전히 다른 표현을 사용하고 있다. 한국 민족은 동양의 은둔국(Hermit Kingdom)이라고 표현하고 있다. 서구인들이 보기에는 한국인들은 나서기를 싫어하고, 특히 다른 나라를 침략하는 대신 이웃나라와 평화를 유지하기를 원하는 평화주의 국가로서 민족을 평하고 있다.

2 일본이 침략 사상을 바탕으로 하는 이유

일본의 민족성은 왜 한국처럼 평화주의사상이 아닌 침략사상을 바탕으로 하고 있는가. 일본의 민족성이 동양 삼국 중에서 가장 침략적이고 호전적인 사상을 가지고 있다는 것은 역사가 잘 입증하고 있다. 앞에서도 이미 언급한 것처럼 한국을 식민지화하고 만주사변을 일으켜서 중국과의 전쟁 등을 비롯하여 청일전쟁과 러일전쟁 및 1차 세계대진과 2차 세계대전 등 일본이 이렇게 많은 전쟁에 참전하였다는 사실은 일본은 한국이나 중국과는 비교도 안될 만큼의 전쟁광이라고 할 수 있다.

한국은 수천 년의 역사를 통해서 한 번도 전쟁을 일으켜서 남의 나라를 쳐들어가 본 일이 없다. 중국 고유 민족인 한족의 경우도 비슷하다.

일본이 호전적인 민족이라는 사실과 관련하여 환경과 관련하여 생각할 수 있다. 일본의 지리적 환경은 사면이 바다로 둘러싸여있는 섬나라이기 때문에 대륙의 문화를 수입하여야만 한다. 따라서 일본은 오래전부터 이웃나라인 한국으로부터 문화를 수입하였다. 한국의 문화는 섬나라인 일본을 연결하는 통로로 이용되었다. 중국의 문화는 한국을 거쳐서 일본으로 들어갔다.

일본은 대륙의 불교문화와 유교문화를 한국을 통해서 수입을 하였다. 중국에서 신라시대에 한국에 건너온 불교문화는 백제를 통해서 일본으로 전해졌다. 백제의 성덕 태자를 비롯하여 유명한 학자들은 일본에 백제문화를 전하게 되었다. 그 예로서 일본의 국보 제1호인 사유반가상은 백제에서 전한 불상이다. 이 불상을 일본은 국가의 최고의 보물로 여기고 있다.

일본이 삼국시대의 신라나 고구려보다는 백제와 더욱더 친밀한 유대관계를 유지했던 것도 지리적으로는 신라가 오히려 더 가까이 위치하고 있기는 하지만 당시 삼국 중에서 백제의 국력이 가장 약한 국가였기 때문이다. 특히 고구려의 광개토왕과 장수왕의 남하정책으로 인해서 백제는 개로왕이 죽음을 당하는 등 상당히 위기에 처한 시기에 있었다. 이러한 고구려의 남하정책에 대비해서 신라는 당나라와 연합동맹을 맺어서 생존해 나갈 수 있었다. 그러나 백제는 당나라와의 군사적 동맹이 신라에게 빼앗기면서 일본과의 군사적 동맹을 추진할 필요성을 느끼기 시작하였고, 일본 역시 문화적으로 미약했기 때문에 백제의 우수한 문화를 접할 수 있는 좋은 기회였다.

지금도 일본 휴가시 서쪽에는 백제마을이 있는데, 이곳은 서기 660년경 백제 멸망 후의 백제의 왕족인 정가 왕이 거주를 하던 곳이다. 백제가 망하고 이곳으로 많은 백제인이 이주를 하여 마을을 이루고 살았으며 그들은 발달된 백제의 문화를 일본에게 전수하였다. 백제는 불교문화를 바탕으로 하는 문화와 농경사회에 필요한 문화 등 정신적인 면과 실용적인 양면 모두를 일본민족에게 전했다.

일본 민족은 사면이 바다이기 때문에 대륙의 발달된 문화를 접하는 것이 가장 큰 희망이었다. 일본인들을 '쪽발이'라고 부른다. 쪽발이라고 부르는 원인에 대해서 정확하지 않지만, '쪽발이 문화'란 섬으로 둘러싸여서 대륙의 완전한 문화를 받아들이지 못하고서 자신들이 가지고 있는 반쪽만의 문화를 토대로 일본의 문화를 형성하고 있다는 의미다. 다시 말하면 쪽발이가 내포하고 있는 의미는 일본은 대륙의 발달된 문화를 접하고 그리워하고 대륙문화에 대한 강한 열등감을 가지고 있다는 것을 의미한다.[1)]

섬나라가 가지고 있는 대륙문화에 대한 열등감을 만회하기 위해 일본에게는 하드 파워가 필요하였다. 국가가 가지고 있는 하드파워를 군사력이라고 하면, 소프트파워는 그 나라가 가지고 있는 문화라고 할 수 있다. 대부분 사막이나 바다 등으로 둘러싸여 척박한 환경에 거주하는 나라에 사는 민족의 공통점은 하드파워를 바탕으로 발달된 문화를 흡수하려고 한다는 점이다.

알렉산더 대왕은 소아시아 문화에 대한 열등감으로, 발달된 그리스 문화를 공격하는 침략성을 보였다. 발달된 문화에 대한 열등감으로 하드파워 즉 군사력을 키운 스파르타는 결국 침략행위로 아테네를 함락하였다. 세계사적인 관점에서 보면 발달된 아테네는 국화를 사랑하는 민족이다. 그러나 아테네보다 문화가 떨어진 스파르타는 보다 침략적이고 호전적인 국민성을 가지고 있다. 알렉산더 역시 소아시아 국가가 아테네보다 훨씬 문화적으로 약하기 때문에 침략적인 성격이 매우 강한 피가 흐르고 있었다.

중국의 경우 유목민족인 몽골족의 추장 칭기즈 칸은 중국 전통의

---

1) 서장훈, 김경일 "쪽발이 통한가" (솔기획: 서울 : 2013) 참조

발달된 문화민족인 한족에 비해서 매우 호전적이고 침략적인 국민성을 가지고 있다. 중국의 한민족은 원나라의 몽골민족을 '호족'이라고 무시하였다.

독일의 게르만 민족 역시 주변의 프랑스 국가 등에 비해서 라인 강변에 떠돌아다니는 야만인으로 취급을 받았다. 상대적으로 독일인은 하드파워가 매우 강하고, 성격도 프랑스인에 비해서 강하며, 매우 호전적인 민족성을 가지고 있다.

유럽 북방의 스칸디나비아의 바이킹족 역시 매우 호전적이고 강한 민족성을 가지고 있지만 문화적으로는 매우 약한 민족이다. 미국 역시 문화적으로는 본국인 영국에 비해서 매우 약한 국가이다. 미국인들은 유럽의 수도사 문화를 그대로 전수받기는 하였지만, 유럽인들에 대해서 문화적인 면에서 열등감으로 항상 차있다. 이러한 미국인들은 유럽인들보다 하드파워, 즉 군사적인 차원에서 보다 공격적인 성격을 가지고 있다.

이슬람 국가를 대표하는 중동국가들 역시 열사의 모래사막에서 살아남기 위해 문화적인 정서보다는 군사적으로 강한 힘이 필요하였다. 이들은 군사적인 힘을 이용하여 다른 국가를 정복하여 보다 나은 국토에서 살아갈 돌파구를 찾아서 헤매는 민족들이다.

이슬람교의 탄생은 바로 이러한 힘든 환경에서 벗어나기 위해서 탄생된 종교이다. 이슬람교도들은 한 손에는 칼을 들고 다른 손에는 코란 즉 경전을 들고서 하나를 택하라는 이유는, 바로 하드파워인 힘을 이용하여 환경적으로 살기 좋은 곳을 정복하겠다는 정복욕을 나타내는 것이다.

아라비아 사막은 100년 전까지만 해도 석유가 발견되지 않은 허허벌판이었다. 아랍인들이 모든 것이 부족한 열사의 악조건에서 생존할 수 있었던 방법은 환경이 좋은 국가들을 정복하는 일이었다.

일본도 다르지 않다. 천연자원이 부족하고, 사면이 바다이며, 바람이 매우 강하게 불어대는 악조건 속에서 살아남기 위해 다른 나라를 침략하는 호전성을 가진 민족성으로 변하게 된 것이다. 설상가상으로 일본은 지진이 매우 심한 나라로서 생활환경이 한국이나 중국에 비해서 매우 열악한 환경을 가지고 있다. 사무라이들의 무기인 '칼'은 일본의 열약한 환경에서 벗어나서 살기 좋은 환경을 찾아나서는 침략사상을 잘 나타내고 있는 것이다. 그래서 일본은 한국과 이웃나라 중국을 기회만 있으면 침략하려고 했던 것이고, 만주사변과 태평양전쟁을 일으켜서 필리핀과 인도네시아 등 동남아시아 국가들과의 전쟁을 일으킨 것이다.

'역사란 과거와 현재의 대화이다. –E. H. 카'

일본은 이웃나라 한국을 비롯하여 중국과 동남아시아 국가들에게 침략적 행위를 할 가능성이 크다고 할 수 있다. 현재 일본이 추진하는 헌법 9조의 개헌을 바탕으로 한 군사적 전략은 가히 이웃나라인 한국과 중국에게는 위협적 사고이다.

일본은 현재의 평화헌법 9조인 타국의 공격을 할 수 없는 조항을 개정하여 자국의 방위를 목적으로 다른 나라를 공격할 수 있도록 하는 방안으로 헌법을 수정하고자 하고 있다.

일본은 동양 삼국 중에서 지리적인 여건이 가장 열악한 환경임에도 불구하고 국제사회에서는 일찍부터 두각을 드러내기 시작하였다.

현재 미국을 비롯하여 남미 등 전 세계에 거주하는 일본인들은 평균 이상의 부와 명예를 가지고 있다.

미국에 이민 간 일본인들의 경우 한국과 중국을 비롯하여 아시아계의 필리핀인들보다 경제적인 소득수준이 훨씬 더 높다. 미국사회에 파고들어가서 왕성한 활동을 하고 있는 것이다. 반면에 한국과 중국인들은 미국사회에 파고들지 못하고 차이나타운이나 코리아타운 등을 형성하여 따로 모여서 다른 생활을 하고 있다.

한국인이나 중국인들은 언어상의 장벽으로 인해서 미국사회에 파고들기 어렵다고 하더라도, 같은 아시아계이면서 미국의 식민지로 영어를 사용하는 필리핀인들 역시 일본인들만큼 미국사회에서 활동을 하지 못하고 있다. 하와이에 이민 간 동양인들의 역사는 한국과 일본과 중국 등 동양 삼국이 거의 비슷한 역사를 가지고 있기는 하지만, 일본인들이 하와이의 정치와 경제권을 모두 쥐고 있는 실정이다.[2)]

현재 브라질을 비롯하여 남미국가에서도 일본의 비즈니스맨들은 성공하여 남미 경제계에 상당한 영향력을 행사하고 있다. 유럽 국가를 비롯하여 상당수의 국가들이 남미에서 적응하지 못하고 파고들지 못해서 손을 떼어 버렸으나, 유독 일본만이 남미사회에 뿌리를 내리고 있다. 남미 국가인 페루에서 일본인인 후지모리가 대통령에 당선되었다는 것은 일본인들이 자국이 아닌 타국에서 뿌리를 내리는 능력이 탁월하다는 것을 입증한다. 또한 아프리카의 검은 대륙에도 일본의 종합상사들이 상당히 진출하여 상권을 장악하고 있다.

---

2) 아메리카로 가는 길 : 한인 하와이 이민사 1896~1910(The Korean Frontier in America : Immigration to Hawaii, 1896–1910), 정대화 옮김 참조

이처럼 일본은 비즈니스적 차원에서 국제사회에 진출하여 성공하는 능력을 보임과 동시에 학술적인 차원에서도 가장 권위 있는 노벨 수상자를 동양 삼국 중에서 가장 많이 배출하고 있다.

2017년 현재 일본은 25명의 노벨수상자를 배출하였다. 일본의 노벨 수상은 과학적인 차원에서 뿐만 아니라 문학을 비롯하여 평화상까지 수상한 바 있다. 노벨상 중에서 가장 권위 있는 노벨 문학상부분에서 가와바타 야스나리와 오에 겐자부로 2명을 배출하였으며, 평화상 부분에서도 사토 전 일본수상이 받는 등 다양한 분야에서 노벨상을 받았다.

노벨상은 인류역사상 상중에서 가장 권위 있는 상임에 틀림없다. 세계에서 가장 권위 있는 학술분화상이라고 불리는 노벨상은 다이너마이트를 발명한 알프레드 노벨의 유언에 따라 1910년부터 매년 인류의 공헌을 위해서 일한 사람에게 수여되는 상이다. 따라서 노벨상을 얼마나 많이 배출하는가에 따라서 개인의 영광은 물론이고 노벨상을 받은 국가의 명예가 올라가는 만큼 대단한 상이다.

문학 분야가 가장 권위 있는 상이고, 경제학상은 1969년부터 늦게 시작되어서 권위적인 면에서는 가장 약하다. 그리고 평화상은 인류의 평화를 위해서 공헌한 단체 등도 수여될 수 있는데, 이러한 점을 감안할 때 노벨평화상 역시 정치적인 목적이 상당한 영향을 끼치고 있다.

일반적으로 노벨상은 그 국가가 국제사회에서 미치는 영향력에 따라 수상자 수가 비슷하게 비례해서 배출되고 있다. 그 예로서 노벨

수상자를 미국이 가장 많은 숫자를 배출하고 있다. 현재까지 노벨수상자는 미국인이 가장 많지만, 노벨문학상에서는 프랑스가 가장 많은 수상자를 낳았다.

일본은 현재 25명의 노벨수상자를 배출하였다. 그중에서 난부 박사는 미국국적을 가지고 있으나 일본 출신이다. 난부 박사를 포함해서 25명의 노벨상 수상자를 배출한 일본은 한국과 비교해 보면 상당한 차이가 있다.

한국의 경우 노벨수상자를 배출하지 못하는 이유는 어디에 있는가. 가장 큰 원인은 국제사회에서 영향력이 일본보다 약하다는 것이 가장 큰 이유다. 얼마 전까지만 해도 국제사회에서 한국은 한국전쟁이 일어난 나라라는 정도로 밖에 국제사회에서 잘 알려져 있지 않았다.

현재 한국도 유엔 사무총장과 세계은행 총재를 배출하여 국제사회에서 한국의 위상이 상당히 향상되었고, 삼성전자의 스마트 폰을 비롯하여 현대 자동차 등이 세계적인 다국적 기업으로 이름을 드러내고 있기 때문에 국제사회에서 영향력이 비약적으로 올라가고 있다. 경제적인 면에서 한국은 경제 브랜드 10위권의 경제대국으로 이름을 날리면서 영향력을 행사하고 있다. 그밖에 스포츠 분야에서도 상당히 많은 선수들이 세계적으로 활약을 하고 있다. 이러한 점을 감안할 때 한국도 이제 노벨상을 수상할 날이 매우 가까이 왔음을 확신한다.

반면 일본은 60년 전인 1949년에 유가와 히데키가 처음으로 노벨상을 수상한 일과 1920년대 당시 현재의 유엔에 해당되는 국제연맹의 사무총장 다음 자리인 사무차장에 니토베 이나조가 있었다는 것은 이미 일본이 국제사회에서 위상이 크게 높았다는 것을 알 수 있다.

노벨수상자를 가장 많이 배출한 유대민족인 이스라엘의 경우는 학교의 교육방식이 가장 중요한 원인으로 꼽고 있다. 그러나 교육은 하나의 방식에 불과하며 타고난 국민들의 IQ 역시 중요하기는 하다. 앞에서도 이미 언급한 것처럼 국제평가위원회에 의하면 유대민족인 이스라엘 국민들의 아이큐가 110정도로 가장 높고, 다음이 한국이 106이며, 일본이 105 정도이다. 한국과 일본 국민들의 IQ는 한국이 약간 높기는 하지만 비슷한 수준으로 머물고 있다. 그러나 그 국가의 국민들의 평균 아이큐는 노벨상 수상과의 관계가 적다.

의아히 생각되겠지만, 여기서 가장 중요한 요소는 국가에 대한 '충성심'이다. 일본은 국가에 대한 '충'을 바탕으로 사회의 하부구조를 형성하고 있다. 이스라엘 국민들 역시 국가에 대한 충성심이 매우 강한 민족이다. 반면에 한국과 중국은 가족 중심의 '효'를 바딩으로 하는 사회를 바탕으로 하고 있다.

일본의 초등학교나 중고등학교 선생님들이 학생들을 가르칠 때 가장 많이 사용하는 말은 '학교의 우등생은 사회의 우등생은 아니다'라는 말이다. 하지만 한국의 경우, 학교의 성적과 사회의 성적을 어느 정도 동일시하고 있다.

2002년 일본에서 고시바 마사토시라는 한 물리학자가 노벨물리학상을 수상하자 일본의 전 언론에서는 그의 대학 시절의 성적을 공개하였다. 그 노벨상 수상자는 전 과목이 전부다 낙제 점수였다. 단지 물리과목에서만 우수한 성적을 보였다.

왜 일본은 이 노벨수상자의 학창시절의 낙제점수를 공개하였을까? 일본인들이 말하는 '학교의 우등생은 사회의 우등생이 아니다'라는 말을 입증하기 위해서이다. 노벨상을 수상한 사람들의 숫자도 일본의 최고 엘리트들이 모이는 동경대학보다는 그보다 열등한 학생들이 모이는 경도대학이나 와세다 등 타 대학에서 더 많이 노벨상을 배출하고 있다. 일본인들은 애써서 동경대학보다는 타 대학에서 노벨상이 많이 배출되는 것에 대해서 더욱 기뻐하고 있다.

일본에서는 초등학생들에게 공부를 많이 시키지 않는다. 어린이들의 개성을 살려서 그냥 내버려 두는 경우가 대부분이다. 또한 학교에서 공부를 잘하는 사람은 대부분 융통성이 결여된 사람들이기 때문에 상황에 대처해 나가는 능력이 부족하다고 본다. 사회의 우등생과 학교의 우등생은 다르며, 노벨수상자들도 대부분 학교의 우등생이 아닌 사람들이 새로운 발명과 발견을 한다는 것이다(그러나 일본도 어느 정도는 학벌을 중시하는 경향이 있다).

일본뿐만 아니라 미국을 비롯한 대부분 선전국가에서 학교의 우등생에 대한 부정적인 평가는 왜 나타나고 있을까. 한국에서도 대기업 입사시험에 스펙을 무시하는 경향이 점차적으로 나타나고 있다. 학교의 우등생들은 융통성이 결여되어 있는 경우가 있기 때문이다. 청년기에 필요한 정신은 맹자가 말하는 '호연지기'다. 주변 환경에 잘 적응하는 기상을 키워야 하는데 이 기간에 너무 공부에만 전념하면, 책의 내용에서 벗어나지 못하고 결국 좁은 인간으로 변한다는 것이다.

공부하는 과정에서 책에서 정답은 모든 변수들로 이루어진 사회에서는 정답이 아닌 수가 너무나 많다. 최근에 가장 많이 사용되는 100-1=99와 100-1=0이라는 문제에서 어느 것이 정답이냐라고 물으면 대부분의 학교의 우등생은 99라고 한다.

그러나 사회에서 사용되는 정답은 100-1=0이라는 답이 더욱더 맞을 수가 있는 경우가 허다하다. 그 이유는 100에서 1을 빼는 경우에 그 1이 매우 중요한 비중을 가지고 있어 모두 없어져 버리는 경우가 허다하기 때문이다.

그렇다면 노벨상 수상의 원인을 어디에서 찾을 수 있을까? 노벨상을 많이 수상하는 국가인 일본과 유대인의 공통점은 충성심이 매우 강하다는 것이다. 이스라엘의 유대인 민족은 수천 년 동안 떠돌이 생활을 하는 민족으로 수십 년 전에 겨우 지금의 팔레스타인을 몰아내고 자신들이 자리를 차지하였다. 그래서 팔레스타인들과의 전쟁은 끊이지 않고 있다.

그런데 유대인들은 어느 나라에 살든 자녀들에게 모국어인 이스라엘 말을 가르친다. 우선적으로 자신의 모국어부터 가르치고 다음에 자국이 거주하는 말을 가르친다. 비록 이스라엘을 떠났다고 할지라도 국가가 전쟁상태에서 부르는 경우에는 언제든 국가의 전쟁에 참여하는 애국심이 매우 강한 민족이다. 대부분 국가들의 사람들은 자국에서 전쟁이 일어날 가능성이 있는 경우 다른 지역으로 피신해 버리는 모습과 대조적이다.

인구 면에서 세계 인구의 0.7 퍼센트에 불과한 유대인 출신들이 전 세계의 노벨상의 25 퍼센트로 휩쓸어 버린다. 세계 역사 교과서에 나올 정도의 위대한 유대인 인물들을 보면 사상가로서 전 세계 인구의 3분의 1이 그의 사상에 따르는 마르크스, 원자폭탄을 만드는데 기초이론을 제공한 아인슈타인, 노벨 수상을 두 번이나 받은 최초의 여성

과학자 마리 퀴리, 현대의 국제정치학자이며 노벨상을 수상한 헨리 키신저 등이 모두 유태인 출신이다. 이들이 가지고 있는 근본적인 사고는 결국 국가 충성심을 바탕으로 하고 있다.

일본의 경우도 유대민족 만큼은 국가에 대한 충성심이 강하지는 않지만, 한국이나 중국과 비교하면 국가에 대한 강한 충성심을 가지고 있다. 조선시대와 비슷한 시기에 시작된 일본의 유교는 한국과는 다른 방향으로 발전하게 되었다.

유교에서는 '수신제가 치국평천하'라고 하여 '자신의 가족과 자신을 다스리고 나서 나라에 대해서 충성을 하는 것'을 원칙으로 하고 있다. 이를 따라 중국과 한국에서는 강한 가족주의를 중심으로 하지만, 일본의 경우는 국가의 주군에 대한 충성을 위해서 가족과 자신을 버려야 하는 국가의 충성을 우선으로 하는 사회제도를 구축하였다. 특히 도쿠가와 이예야스 이후의 사무라이 지배체제에서는 더욱더 강한 주군과 국가에 대한 충성심을 요구하였다. 근대 일본인 남성들에게 가장 많이 사용하는 말은 큰일을 하는 남성은 가족과 집일은 잊어버려야만 한다는 말이다. 이 말은 한국이나 중국인들이 가지고 있는 가족부터 생각하는 사고와는 근본적으로 다른 것이다.

일제 강점기 시대에 한국에는 결혼한 남성들이 가족들에 대한 책임감은 아예 잊어버리고 만주나 일본 등으로 떠돌이 생활을 하고 술과 기생들을 가까이하고 집안일은 아예 잊어버리는 생활을 하는 사람들이 부쩍 늘어났다.

이러한 일제 강점기 시대의 소위 말하는 한량 즉 돈 잘쓰고 잘 노는 사람들이 급격하게 늘어난 원인이 바로 일본인들이 가지고 있는 남자는 집안일에 대해서는 관심을 가져서는 안 되며 사소한 집안일에 집착하는 사람을 졸장부로서 큰일을 하지 못하는 사람으로 무시를 하는 일본인들이 가지고 있는 시대적 풍조에 있다고 할 수 있다.

2차 세계대전 당시 가미가제 특공대가 바로 이러한 대표적인 예라고 할 수 있다.

유대인과 일본인의 공통점은 국가에 대한 충과 교육방법이다. 얼마 전까지 미국의 이공계 세계 최고의 명문인 M.I.T. 대학에서 대학원까지 가장 우수한 학생들은 일본 학생들이었다. 반대로 M.IT. 학부의 대학생들 숫자는 한국 학생들이 판을 치기는 하지만 진짜 본게임의 공부가 시작되는 M.I.T. 대학원에서는 한국 학생들 숫자가 급격히 줄어들어 버린다.

그 원인은 한국의 경우 지나친 입시경쟁으로 인해 진짜 공부를 하여야 할 곳에 가서는 지쳐서 포기해 버린다. 이러한 이유로 대학에서 대학원으로 진학하는 경우가 많지도 않다. 대학까지는 대개 창의력을 요하지 않기 때문에 차이가 나지 않지만 진짜 공부를 해야 하는 대학원에서는 창의력을 바탕으로 하기 때문에 노벨상 수상에 어려움을 겪는 것은 아닐까 조심스레 예측해 본다.

수학의 노벨상에 해당할 만큼 권위 있는 상인 필즈상에서 한국인들이 수상을 못하고 그 대신 올림피아드 등 청소년 국제수학경시대회에서는 한국 학생들이 우수한 성적으로 두각을 드러내기는 하지만 이상하리만큼 나이가 들어가면서 부터는 결국 아무런 존재가 없어져 버리는 것이 한국인들의 특성이다.

그 원인은 바로 어릴 때 너무 열을 올리다가 나중에 가서는 지치고 싫증을 느껴서 진짜 열을 올려서 연구를 하여야 할 단계에 가서는 포기를 해 버린다.

비근한 예를 들면 60년대에 한국에서는 장래 노벨상을 수상할 천재가 나타났다고 한국의 언론은 일제히 흥분하였다. 5살 어린이가 미적분을 풀고 고차원적인 수학을 풀어대었다. 그리고 전 세계 언론도 아인슈타인과 뉴턴보다도 더 높은 아이큐를 가지고 있기 때문에 장래 세계적인 물리학자가 되리라는 기대감으로 가득 차 있었다. 그런데 얼마 후 그 소년은 미국의 세계적인 과학자들이 모이는 나사 연구소에 최연소 연구원으로 일을 하였다. 그리고 그 일에 싫증을 느끼고 한국에 귀국하여 다시 정규학교에 들어가기를 원하였다.

그러나 한국의 교육 시스템은 영재를 가르칠 능력이 없었으며 결국 그 천재 소년은 인생을 포기하고 이름 없는 평범한 회사원으로 전락하고 말았다.

그 천재 소년이 평범한 사람으로 변한 원인은 무엇인가. 이점은 바로 한국 교육과 사회가 안고 있는 문제점이다.

어릴 적부터 너무 경쟁적인 관계로 공부만 시키는 경우가 가장 큰 문제점이다. 그 천재 소년도 부모들의 극성이 지나쳐서 결국은 공부에 싫증을 느껴서 포기를 해 버린 것이다. 한국에서 큰 과학자가 나오지 않는 이유가 바로 지나친 경쟁위주의 입시제도에서 살아남기 위해서 입시위주의 공부에만 치중한 결과 암기식 위주의 공부를 하다 보니 결국은 창의력이 부족한 사고력으로 변해 버리기 때문이다.

다음으로 부모의 지나친 간섭은 어린 시절에는 공부를 할지 모르지만 스스로 우러나서 하는 공부가 아니기 때문에 결국은 포기하는 경우가 허다하다. 따라서 스스로 필요를 느껴서 공부하는 교육제도가 필요하다.

어느 자기 계발서에서 보면 천재 아인슈타인과 퀴리부인이 다시 한국으로 환생을 해서 한탄을 하고 있다는 것이다. 그 이유는 아인슈타인은 대학에 떨어져서 고민을 하고 고졸 출신들이 다니는 공장에서 기능공으로 일을 하고 있었다. 그 이유는 아인슈타인은 물리과목에만 백점을 받고 다른 과목에서는 낙제 점수를 받아서 대학에 들어가지를 못해서 신세 한탄만 하다가 결국은 실패한 인간으로 전락하고 말았다.

다음으로 인류 최초로 노벨상을 두 번이나 탄 퀴리부인은 한국에서는 남녀 간의 차별화 즉 양성동등 사회가 아니어서 성적인 차별대우에 시달려서 결국은 사회에서 두각을 드러내지 못하고 실패한 인생을 살아가고 있었다는 것이다.

이것은 한국사회가 가지고 있는 문제점을 아인슈타인과 퀴리부인을 모델로 풍자한 이야기이기는 하지만 한국사회에서 한국인들이 국제사회에서 가장 우수한 두뇌를 가진 집단임에도 불구하고 아직까지 노벨 수상자를 한 명도 내지 못하는 원인을 풍자한 것이기는 하지만 교육적으로 경청하여야 할 사안이다.

결론적으로 한국이 장래 일본과 유대인을 능가하는 노벨 수상자를 배출하기를 원한다면 현재 초중고에서 실시하는 교육방법을 바꾸어야만 한다. 초등과 중·고등 교육보다는 진짜 공부를 하는 대학에서부터 공부를 하도록 분위기 조성을 하여야만 한다. 초등학교나 중· 고등학교에서는 공부를 많이 시키지 말고 창의성 위주의 교육방법으로 변화를 지속해 나가야 한다. 또한 진짜 공부는 대학과 대학원에서 할 수 있는 분위기 조성이 필요하다고 본다.

3 역사도 모르는 일본 민족성

한국과 일본은 지리적으로 지구상에서 가장 가까이 붙어있는 이웃나라이다. 때문에 한국과 일본은 헤어질 수 없는 관계에 놓여있다. 한국과 일본은 지리적 여건 때문에 정치, 경제, 사회 문화적인 차원에서 협조를 하지 않으면 안된다. 일본은 2차 대전에서 패망한 이후 2차 세계대전 참전 국가들인 유럽의 영국과 독일 및 프랑스의 선진국들을 제치고 제일 먼저 2차 세계대전 전의 상태로 회복하였다. 이것은 바로 한국전쟁 때문이었다. 또한 한국전쟁으로 인해 일본은 1960년대 이미 미국 다음의 경제대국으로 등장할 수 있었다.

한국전쟁으로 인해서 미국을 비롯한 유엔의 한국 참전 국가들이 필요로 하는 전시 물품들은 한국과 가장 가까운 위치에 있는 일본으로부터 거의 대부분을 구입하였다. 운송비 절감을 비롯하여 신속하게 구입을 할 수 있었기 때문이었다.

한국전쟁은 1950년 6월부터 1953년 7월 휴전협정이 있기까지 약 3년이 넘게 계속된 전쟁이었다. 또한 2차 세계대전 이후 처음으로 공산주의와 자유주의의 힘의 대결구도 속에서 치러진 전쟁이었기 때문에 규모면에서는 단순히 남한과 북한간의 전쟁이 아닌 미국과 소련양국을 비롯하여 중국과 영국 등의 자유주의 국가들이 참전하는 큰 전쟁이었다. 이러한 전쟁 통에 일본으로부터 해방된 지 불과 5년밖에 안 되는 신생국 한반도는 또 다시 전쟁의 참상을 겪게 되었다.

1960년대 일본이 경제대국으로 나타나면서 당시 한국은 일본을 따라가려면 약 50년의 세월인 반세기가 걸린다는 말이 나올 정도로 60년대 한국과 일본의 경제적 격차는 엄청났다. 한국의 분단을 초래한 원인을 제공한 국가는 어느 나라인가. 남북이 분단된 직접적인 원인을 제공한 국가는 2차 세계대전(1939~1945)을 승리로 이끈 미국과 영국, 러시아다. 그들은 1945년 전쟁이 끝이 날 무렵에 얄타에서 미국의 루즈벨트, 영국의 처칠, 러시아의 스탈린의 3거두가 '얄타협정'을 맺었다. 이 협정을 통해서 패전국인 일본의 식민지인 한국을 남북으로 분단하여 승전국가들이 한국이 완전하게 자립할 때까지 신탁통치를 하자는 협정을 맺었다.

얄타협정으로 2차 세계대전이 끝나면서 일본이 항복을 선언한 바로 다음날 북쪽은 러시아가 점령하였고, 남쪽은 미국의 통치하에 들어가게 되었다. 2차 세계대전의 승전국들로 인해 한반도가 분단되었지만, 이 분단은 어디에서 시작되었는가?

바로 일본이다. 일본은 2차 세계대전에 참전하여 패하기는 하였지만 19세기가 시작되면서 이웃나라인 한국에 대해서 침략을 하겠다는 전략을 구상하였다. 그 대표적인 케이스가 바로 태프트-가스라 조약이다. 1905년 미국 국무장관 태프트와 일본외상 가스라 사이에 체결된 조약을 태프트-가스라 조약이라고 한다. 당시 서세동점의 역사가

거의 막바지에 달하고 있었다.

미국은 영국이나 스페인, 프랑스보다 식민지 전쟁에서 한발 늦게 출발을 하였다. 하지만 1898년 미국은 서양의 최강 국가이며 무적함대를 이용하여 많은 식민지 국가를 소유하고 있었던 스페인과의 미서전쟁에서 불과 10개월 만에 스페인에게 완승을 거두었다. 당시 스페인의 식민지이었던 필리핀은 미서전쟁(미국과 스페인 전쟁)에서 스페인이 패하면서 독립국가로 독립해야 했다. 스페인은 미서전쟁에서 패하면서 필리핀으로부터 손을 뗀 상태였기 때문이다.

미국은 아시아에서 중국을 식민지로 삼고 싶었다. 당시 이미 영국과 포르투갈이 홍콩과 마카오 등을 식민지화한 상태였지만, 미국은 거대한 동양의 잠든 사자 중국을 식민지화하려는 야심을 가지고 있었다. 미국이 중국을 비롯한 아시아 지역의 식민지 전쟁에 승리를 하기 위해서는 가장 중요한 지역이 바로 필리핀이었다. 미국의 이러한 식민지 전략의 의도를 가장 잘 알고 있는 나라는 일본이었다. 당시 일본은 이미 당시 형식상의 패권국인 영국의 힘을 이용하여 영일동맹을 바탕으로 1904년 한반도 문제에 개입하려는 러시아와의 전쟁에서 승리한 상태였다.

미서전쟁을 통해서 세계에서 실질적인 패권 국가는 미국이라는 사실을 알아챈 일본은 미국과의 협상이 필요했다. 특히 일본은 잠든 사자 중국이 한국에 개입하는 것을 차단하기 위해서 청일전쟁을 통해 청국이 한국에 개입하지 못하도록 하였다.

단지 일본이 가장 두려워하는 상대는 미국이었다. 미국은 서양국가들 중에서 가장 먼저 한국과 1882년 제물포에서 강화통상조약을 체결하였다. 따라서 일본이 당시 한국을 식민지화 하는데 있어서 가장 두려운 존재는 미국이었다. 만일 미국이 한국 문제에 개입을 하는 경우에는 일본이 원하는 한국의 식민지화 전략은 수포로 돌아갈 수가 있기 때문이다.

일본은 미국이 동북아에서 거점을 마련하기 위해서는 필리핀을 발판으로 하여야만 한다는 사실을 재빨리 파악하고, 미국이 필리핀을 식민지화하는데 적극적으로 나섰다. 그리고 러일전쟁이 끝나면서 일본은 미국에 대해서 필리핀을 미국이 식민지화하도록 인정하는 조약을 체결하자고 제의하였다.

당시 미국은 일본이 유럽 초강대국 러시아와의 전쟁에서 일본이 승리를 하리라고는 전혀 예상하지 못하였지만, 러일전쟁 이후 일본을 영국과 독일, 프랑스 다음으로 세계 5대 강대국에 넣어주었다. 일본은 러일전쟁에서의 승리를 계기로 미국만 사로잡으면 미국 다음의 세계 강대국이 된다는 판단 아래 미일양국의 외교수장들의 회담을 건의하였다. 이 회담이 바로 당시 일본외상 가스라와 미국 국무장관 태프트 간의 회담이었다. 이 회담의 주목적은 아시아에서 미국과 일본의 제국주의적 침략행위에 대한 양국의 협약인 것이다.

'일본은 미국이 필리핀을 식민지화하는데 적극적으로 지원할 것을 약속하고, 동시에 미국은 일본이 한국을 식민지화하는데 적극적으로 지원한다.'

미국의 오픈도어 폴리시, 즉 문호개방 정책의 본래 목적은 중국을 식민지화하는데 있었다. 중국을 식민지화하기 위해서는 당시 승승장

구하는 동양의 섬나라인 일본의 힘이 필요했기 때문에 윈윈전략을 쓴 것이다.

미국으로부터 한국 식민지화에 대한 적극적인 협약을 받아낸 일본은 더 이상 망설일 이유가 없었다. 그해 1905년 일본은 한국과의 을사년의 늑약인 을사늑약을 통해서 한국의 외교권을 박탈하였다. 그리고 5년 후인 1910년 일본은 한국과의 합병을 통하여 한국을 완전히 식민지화하였다.

그 이후 1914년에 일어난 1차 세계대전을 계기로 미국과 일본은 같은 연합국가로서 독일의 동맹국들과의 전쟁을 치르게 되었다. 특히 일본은 1902년에 러시아를 침공하기 위해서 맺은 영국과의 동맹조약에 의해 1차 세계대전에 참전하는 구실을 삼게 되었다.

1910년 일본이 한국을 합병한 이후, 일본이 1차 세계대전에서 영국과 미국의 연합군 측에 붙어서 승리를 거두면서 일본의 야망은 동양에서 미국을 대신해서 중국을 식민지화하려는 제국주의적 본성을 드러내기 시작하였다. 하지만 일본의 중국을 식민지화하려는 제국주의적 야망은 미국과 등을 져야 이룰 수 있는 것이었다.

먼저 일본은 1931년 만주전쟁을 시작으로 중국과의 전쟁을 선포하고 나섰다. 한국 다음으로 중국을 식민지화를 하려고 만주사변을 일으킨 것이다. 하지만 당연한 결과로 일본이 일으킨 만주사변은 당시 문호개방 정책으로 전 세계를 미국화하려는 미국의 정책과 충돌이 일어나게 되었다. 당시 미 국무장관이었던 헨리 톰슨은 일본을 강력하게 저지했고, 이로서 미국과 일본은 완전히 갈라서게 되었다. 미국은 일본에 대해서 만주와의 협약은 1928년 파리에서 맺은 켈로그 부전조약에 위배되기 때문에 무효라고 하여 일본의 만주침략에 대해서 강력하게 제동을 걸었다.

당시 형식상의 패권국인 영국과 실질상의 패권국인 미국은 동북아에서 패권을 노리는 일본을 강력하게 응징하려는 태도를 보였다. 한편 유럽에서는 1880년대부터 시작된 유럽 열강국들의 식민지 쟁탈전은 일찍 식민지 전쟁을 시작한 영국과 프랑스와 늦게 시작된 독일 간의 치열한 식민지 쟁탈전이 벌어지기 시작하였다. 영국은 카이로, 케입타운, 켈커타를 연결하는 3C정책을 추진하고 있었으며 독일은 베를린, 비잔티움, 바그다드를 연결하는 3B정책을 추진하면서 1차 세계대전이 일어나게 되었다. 1차 세계대전은 형식상의 패권국인 영국과 도전 국인 독일간의 식민지 쟁탈전이 눈에 보이지 않는 가장 중요한 원인라고 할 수 있다.

독일은 1차 세계대전에서 미국 때문에 제동이 걸리게 되었다. 결국 1차 세계대전은 실질상의 패권국인 미국과 독일 간의 '유럽에서의 패권전쟁'이라고 규정할 수 있다. 결국 1, 2차 세계대전은 제국주의 국가들의 식민지 쟁탈전이었다.

만일 일본이 만주국을 식민지화시키는 만주사변에 대해서 미국이 일본에게 인정 또는 묵인하였더라면 일본은 미국과는 등을 돌리지 않았을 것이다. 일본의 제국주의 정책은 한국을 식민지화하면서 한국을 전쟁 보급로로 활용하여 한국이 엄청난 피해를 보았다는 것은 역사적으로 명백한 사실이다.

일본이 한국을 식민지화함과 동시에 한국에 끼친 피해는 정치, 경제적인 차원보다 문화적인 차원이 더욱 크다. 비록 반세기가 되지 않는 기간이라고 할지라도 일본은 한국을 세계 역사에서 지워버리고자 하였다. 일본은 창씨 계명을 비롯하여 한국의 왕족을 없애버렸다. 이 과정에서 일본은 한국의 귀중한 고유 유물들을 모두 일본으로 가져갔다. 일본이 가져간 유물들은 일본에는 없는 귀중한 유물들로서 일본이 한국에 대해서 가지고 있는 문화적인 열등감과 같은 맥락에서 이해할 수 있다.

일본은 가장 먼저 총독부를 세워서 한일 간의 정치적인 통합을 시도하여 성공을 거두었다. 다음으로 일본은 한국의 물자를 일본의 것으로 만들어서 전쟁 품으로 활용하였다. 경제적인 통합은 정치적인 통합과 함께 그리 힘들지 않았다.

그런데 가장 큰 문제는 문화적인 통합이었다. 한일 간의 문화적인 통합에서 만일 한국이 일본보다 문화적으로 후진국이라면 한국은 쉽게 문화적으로 일본에 흡수 통합 되었을 것이다. 물이 높은 곳에서 낮은 곳으로 흐르는 것이 순리이듯이 문화 역시 발달된 문화가 덜 발달된 문화를 흡수되는 것이 이치이기 때문이다.

그러나 한국이 일본문화보다 월등하게 뛰어난 문화민족이기 때문에 일본은 여러 가지 방법을 사용하였다. 그중에서 가장 좋은 방법은 초등학교 교사를 국민들과의 대중적인 연결 고리로 만들어 활용하는 것이었다.

당시 국민들이 가장 무서워하는 존재는 일본군 경찰 즉 일본순사였다. 일본 순사는 말을 타고 큰 칼을 차고 다녔기 때문이다.

하지만 일본 순사도 초등학교 교사가 지나갈 때만큼은 말에서 내려서 90도 인사를 해야 했다(다분히 의도가 있었다). 따라서 국민들이 가장 무서워하는 존재인 순사를 부리는 초등학교 교사는 초등학교에 다니는 학생들이나 학부모를 비롯하여 마을 사람들 사이에서 가장 존경받는 인물이었다. 이를 이용해 일본은 초등학교 교사가 일본 문화를 전달하도록 강요하였다. 이러한 일본의 한국문화 말살 정책으로 인해서 당시 한국인들은 엄청난 고통 속에서 시달리게 되었다.

요즘 일본인들은 과거 태평양 전쟁의 주범들의 후예임을 자랑스럽게 생각하고 과거 태평양과 인도지나 해상을 누비던 선조들의 향수병이 도지기 시작하였다. 코밑에 콧수염을 기르면서 독일 히틀러를 모방하던 그 당시 시대를 새삼 그리워하고 있다.

일본 국민들 사이에 현재 논란이 일고 있는 일본의 자위권 행사문제에 대해 생각해보자. 일본은 2차 세계대전으로 전쟁에서 항복을 하면서 헌법으로 아예 상대방의 공격에 대해서 방어를 하는 이외의 일체의 전쟁은 금지하도록 규정하여 놓았다.

그런데 현재 일본 아베 내각에서 상당수의 보수주의자들은 일본 헌법 제9조를 개정하여 스스로 타국을 공격할 수 있도록 하자는 주장을 하고 있다. 사실상 많은 일본의 보수주의자들은 아베의 헌법 개정에 동조하고 있으며, 전쟁을 경험한 일본인들의 대다수가 일본이 군사대국으로 거듭나야 한다고 주장하고 있다. 반면 일본의 평화주의자들의 일부는 일본이 군사대국화 하는 문제에 대해서 반대를 하고 있다. 그러나 전반적인 일본의 여론은 일본헌법 9조를 개정하여 자위권을 확대하여 방위가 아닌 상대국을 공격할 수 있도록 하는 법 개정에 동의하고 있는 실정이다.

일본은 1951년 미일 상호 방위조약을 통해서 모든 군사적인 문제는 미국의 우산 속으로 들어가서 미국에 전적으로 의존하는 태도를 취했다. 동시에 일본은 일본수상 요시다가 만들어 놓은 '요시다 독트린'을 통해서 일본은 안보는 제외하고 경제성장만을 한다는 전략을 추구해 나왔다. 지난 1990년 동구권의 붕괴로 인해서 전 세계의 안보 비용을 미국 혼자서 부담했다. 당시 미국은 과거의 유엔 안보리의 5개 상임이사국이 합친 방위비 비용만큼의 비용을 사용하였다.

동구권의 몰락 이전의 국제관계는 미국과 러시아 양축으로 구성되어져 있기 때문에 공산권의 방위비는 러시아가 부담하였으나 동구권의 몰락으로 인해서 전 세계의 방위비는 미국 혼자서 부담하는 실정이 되었다.

갑작스런 러시아의 몰락으로 미국이 방위비 부담에 허덕이게 되자, 일본이 미국의 가장 충실한 방위비 분담국으로 등장했고 국제사회에서 일본이 경제대국을 넘어서 군사대국임을 보여주고 있다. 미국과 함께 이라크전에 출전을 하였으며 또한 각종 군사적 행동을 하는 경우에는 자위대를 파견하여 미국을 도왔다.

최근 일본은 자위대의 증강을 비롯하여 엄청난 군비를 투자, 방위청에서 방위 성으로 승격을 하는 등 경제대국을 넘어서 군사대국화를 시작하고 있다. 일본은 기술면에서나 경제면에서 핵을 만들 기술과 준비도 이미 마쳤다. 단지 일본은 미국을 비롯한 강대국들의 허락만 얻으면 바로 핵을 만들 수 있다.

일본은 유엔 안보리의 상임이사국으로 자리를 얻기 위해서 지난번 1, 2차 걸프전에서 군사비용의 분담과 함께 자위대를 파견하여 군사력을 과시하였다. 이것은 일본이 국제사회에서 미국 다음의 경제대국일 뿐만 아니라 미국과 어깨를 나란히 할 수 있는 군사대국이라는 것을 세계 각국에 과시를 한 것이다.

현재 일본은 유엔 안보리 상임이사국으로 있는 미국, 영국, 러시아, 프랑스, 중국 세계 5대 강대국에 함께 합류하여 군사적인 면에서 부상하는 것을 목표로 미국의 적극적인 지원을 기다리고 있다. 사실상 미국은 동북아에서 중국 견제용으로 일본을 내세우고 있다. 따라서 미국은 가능하면 일본을 유엔안보리의 상임이사국으로 승인이 나도록 적극적으로 도울 것이다.

일본 방위성의 한 고위 관리는 일본이 국제사회에서 원하는 것은 패권국인 미국 다음의 부통령 자리라고 말하였다. 이 말은 일본이 원하는 것은 미국 다음의 군사적으로 세계 제 2위의 국가가 되겠다는 것을 암시하고 있다. 동시에 일본은 과거 역사에서 미국에게 도전하여 세계 패권국이 되겠다던 사고는 하지 않겠다는 것을 보여 주어서 미국을 안심시키고 있다.

일본 방위성 고위관리의 이 같은 발언은 일본이 다시 과거의 침략사상을 바탕으로 하는 전쟁광이 다시 살아나고 있다는 것을 암시하고 있다. 현재 미국은 일본을 감싸고돌고 있다. 그 이유는 동북아에서 중국을 견제시켜야만 하기 때문이다. 미국은 현재 미국에 도전 국으로 급부상하는 중국을 견제시켜 나가야만 하는 궁지에 몰리고 있다. 이러한 중국 견제용으로 미국은 미일동맹을 맺고 있는 일본을 앞세워야만 한다. 이러한 중국 견제용 전략으로 미국은 과거 한국에 두었던 주한 미국 사령부를 일본으로 옮김과 동시에 주한 미군 1만 명을 일본으로 옮겼다. 현재 주한 미군은 과거 3만 7000명이던 주한 미군을 2만 7000명으로 줄였다.

이러한 사실은 만일에 독도 문제 등 일본과 한국이 분쟁이 생겨서 국제사회에서 문제를 해결해야 하는 경우, 미국은 중립적인 차원을 넘어서 일본에게 손을 들어줄 가능성이 매우 높다. 일본이 만일 유엔 안보리의 상임이사국이 되는 경우, 현재 일본의 위상은 국제사회에서 한층 더 높아질 것이 분명하다. 결국 한일관계에서 상당한 변화가 생길 것이다.

일본이 유엔안보리 상임이사국으로 도약하는 경우 일본은 반드시 핵보유국이 되기 위해서 핵을 만들 것이다. 사실상 앞에서도 언급한 것처럼 일본은 핵을 만들려고 마음만 먹으면 언제든지 만들 수 있는 기술과 경제적인 여건을 갖추고 있다. 이렇게 일본이 헌법을 개정하고 유엔 상임 이사국이 되고 또한 핵무기를 소유하는 경우 국제사회에서 가장 위협을 느끼는 나라는 바로 이웃나라 한국이다.

고대 그리스의 철인 고르기아스는 '국제사회에서 적용되는 국제법은 강자의 법이 바로 정의다'라고 말하고 있다. 사실상 국제법은 국내법과 달라서 국제사회에서 영향력을 행사하고 힘을 가진 강대국이 약소국보다는 분쟁에서 승리할 가능성이 훨씬 더 큰 것이다.

일본이 유엔 상임이사국이 되는 경우, 국제사법재판소는 독도문제에 대해서 일본에게 우선적으로 유리하도록 손을 들어 줄 것이 분명하다. 또한 상임이사국이기 때문에 유엔을 비롯하여 국제사회에서 운신의 폭이 훨씬 넓어진다. 비즈니스적인 면에서 다국적 기업을 비롯하여 한국의 기업들과 경쟁하는데 매우 유리한 고지를 점하게 된다.

한국도 과거에는 일본의 식민지에서 갓 해방된 신생국이며 경제 후진국에서 이제는 세계 브랜드 가치 10위의 경제대국으로 성장을 하였다. 그러나 미국 다음의 경제대국 일본에 비하면 아직까지 국제사회에서 위상과 영향력이 약하다. 비록 유엔사무총장과 세계은행 총재가 한국 출신이기는 하지만, 일본은 오랫동안 국제사회에서 인정을 받고 있는 국가이기 때문에 일본이 안보리 상임이사국이 되는 것은 한국에게는 매우 불리한 조건이다. 그 이유는 앞의 예에서처럼 일본은 자신의 역사를 모르는 민족이기 때문이다.

4 영혼 없는 야스쿠니

일본이 가지고 있는 제국주의란 단순히 군사적으로 다른 나라를 침공하는 군사적인 전쟁을 의미하는 것이 아니라, 경제 사회 문화적인 차원에서의 침략행위를 의미하는 것이다. 따라서 과거 일본의 제국주의적 침략행위에 대해서 직접적으로 피해를 입은 중국과 한국은 일본의 군사적인 재무장에 대해서 부정적인 시각을 가지고 있다.

비록 일본 국민들은 과거의 선조들의 제국주의적 군사적 행동에 대해서 부정적인 면을 가지고 있지만, 일본의 민족성은 과거의 자신들이 한 세계사적 부끄러운 행위에 대해서 뉘우치고 반성하는 기미가 보이지 않고 있다. 오히려 과거의 군국주의 행위에 대해서 향수에 젖어있다. 일본의 현재의 후손들이 과거 선조들의 침략행위에 대해서 향수에 젖어 있다는 사실은 일본의 정치인을 비롯하여 사회의 지도층은 일본의 군국주의 상징인 야스쿠니 신사에 대한 참배를 하는 것을 영광으로 생각하는 것을 통해 알 수 있다.

전 총리 고이즈미를 비롯하여 아베 총리 등 인기를 먹고사는 일본의 정치인들이 전범들의 영혼을 모셔놓은 야스쿠니 신사를 참배하는 것은 일본국민들의 다수가 신사 참배를 원하고 있다는 것을 의미한다. 만일 일본 여론이 정치인들의 신사 참배에 대해서 부정적인 시각으로 바라본다면 어느 정치인도 신사 참배를 할 이유가 없는 것이다.

일본의 역사 교과서 왜곡 사건을 통해서는 일본인들은 역사를 모르는 무식쟁이일 뿐만 아니라, 나아가 일본이 과거의 역사에 대해서 행한 침략적 행위를 부정적인 행위가 아닌 정당하고 정의로운 행위로 판단을 하고 있다는 것을 알 수 있다.

일본 교과서 왜곡사건은 1980년대 일본의 나까소네 수상이 한국을 방문하면서 일본이 행한 행위에 대해서 깊이 사과하고 반성을 한다고 하였다. 그러나 그 뒤로는 일본의 침략행위가 당연한 정당성을 가진 정의로운 행위임을 주장하고 있다. 일본 천왕 역시 한국과의 유대관계를 위해서 과거사에 대해서 깊은 유감과 반성을 겉으로는 표명하고 있기는 하다. 그러나 일본 국민들 전체가 과거의 일본의 침략행위에 대한 반성의 기미가 전혀 없는 실정이다.

이러한 사실은 일본이 역사 교과서에 과거 일본의 침략행위를 인류에 큰 오명을 남겼다는 사실에 대해서 깊이 반성을 하지 않고, 오히려 다른 시각에서 한국을 비롯한 중국의 발전에 크게 기여한 것처럼 서술하고 있다. 이처럼 왜곡된 역사 교과서를 만드는 원인은 어디에 있는가. 노벨상을 가장 많이 받아내는 국가의 민족임에도 불구하고 역사의식이 부족한 것인가.

이 문제에 대해서 일본이 가지고 있는 사상은 우월감이라고 할 수 있다. 각 국가의 민족은 어느 민족이거나 막론하고 우월감을 가지고 있다. 중국의 경우는 과거 자신들이 중원천지를 장악하고 동양의 맹주가 아닌 세계에서 가장 중심에 서있는 국가라는 중화사상을 가지고 있다. 중화사상은 한국의 역사에서 과거 한국의 고구려는 중국의 한 지방자치 단체에 불과한 것이라고 역사에 기술하고 있으며 이것을 '동북공정'이라고 한다.

미국인들 역시 우월감을 가지고 있다. 이것은 미국인들의 예외주의와 우월주의에서 잘 나타나고 있다. 미국인들은 '작다'는 말을 사용하지 않는다. 예를 들면 햄버거 가게에 콜라를 한잔 시키는 경우 스몰 사이즈와 라지 사이즈가 있다.

"스몰 사이즈로 콜라 한 잔 주세요."

"스몰 사이즈는 없고 미디움 사이즈만 있습니다."

이것은 미국인들은 스몰 사이즈를 사용하지 않는다는 것을 의미한다. 동시에 미국인들은 '자신들은 악마가 결코 되지 않는다'는 사고는 미국인들이 가지고 있는 우월감인 것이다.

악마와 관련하여 선조이며 형에 해당하는 영국과 유럽 국가들은 자신도 악마가 될 수 있다는 사고를 가지고 있다. 그러나 미국인들은 자신들은 결코 악마가 될 수 없다는 사고를 가지고 있다. 기독교 발상의 원조인 이스라엘 민족까지도 자신이 악마가 될 수 있다는 사고를 가지고 있다.

사람이 죽으면 간다는 천국과 지옥 중에서 유럽인들은 연옥을 하나 더 생각하고 있다. 연옥이란 천국과 지옥에 가기 전에 한번 더 심판을 받는 곳으로 알려져 있다. 그러나 미국인들의 예외주의는 미국인들은 결코 천국 아니면 지옥이지 연옥은 없다는 것이다.

일본인들이 가지고 있는 우월감은 과거 한국과 중국에 대한 문화적인 열등감을 군사적으로 중국과 한국을 식민지로 지배하였다는 역사적인 사실에서 나온다. 일본은 현재까지도 한국이 식민지 시대에 자신들이 하인처럼 부리고 지배하였고, 자신들의 발달된 기술을 식민지 한국에 대해서 전수함으로써 한국의 발전에 크게 기여하였다는 사고를 가지고 있다. 또한 한국인들을 비하하는 밀인 '조센징'이란 말을 자주 사용한다. 이렇게 일본인은 한국인을 자신들보다 못한 야만인으로 생각하는 경향이 아직까지도 상당히 남아있다.

이처럼 한국과 일본은 지리적으로 가장 가까우면서 서로가 가장 싫어하는 민족으로 분류되었다. 특히 일제치하에서 일본의 식민지 시대를 경험한 사람들은 일본을 가장 싫어하였다. 최근에 와서는 신세대들은 일본에 대한 악감정이 줄어들기는 하였다.

그러나 얼마 전까지도 여론조사에서 양국이 모두 가장 싫어하는 국가와 국민은 한국은 일본, 일본은 한국이었다. 축구나 야구 등 국제적인 시합이나 친선경기를 비롯하여 가장 치열한 시합은 바로 한일전 경기다. 한국과 일본 양국 모두 다른 경기에서는 지더라도 한일전에서 만큼은 반드시 이겨야 한다는 생각으로 필사적인 경기를 펼친다. 이것은 한국과 일본은 과거의 역사적인 관점에서 지배자와 피지배자로서 서로 간의 피해의식을 아직까지 가지고 있다는 것을 의미한다.

민족적인 차원에서 일본의 천왕이 몇 년 전에 천왕가의 선조들은 '백제인'이라는 말을 하여 일본 전국을 떠들썩하게 하였다. 일본인들은 천왕이 백제인의 후손이라고 발표를 하자 이것에 대해서 침묵을 할 뿐 아무런 반응을 보이지 않았다. 이 침묵은 천왕이 백제 후손이라는 말에 대한 거부반응을 나타낸 것이다. 일본인들은 천왕에 대해서는 신격화시키고 있고, 일본 민족이 한국 민족보다 우월하다는 생각을 하기 때문이다. 이것은 아직까지도 자신들이 과거에 행한 침략 행위에 대한 역사의식을 이해하지 못하는 역사를 전혀 모르는 민족이라는 것을 의미한다.

일본인들은 자신보다 강한 국가의 사람과 문화를 좋아하고 쉽게 따른다. 일본 여성의 경우 서양 남성과의 연애와 결혼을 동경한다. 그 대표적인 케이스가 바로 〈나비부인〉이라는 오페라와 영화 등에서 잘 나타나 있다. 나비부인은 서양 남성과 일본 여성 사이의 러브 스토리를 오페라화 한 것이다. 내용보다는 서양 남성과 동양 여성 간의 사랑이야기라는 점에서 일본여성들의 취향을 파악할 수 있다.

또한 일본 남성들도 서양 여성들과 결혼하는 것을 가장 큰 영광으로 생각하여 왔다. 1920년 현 유엔의 전신인 국제연맹의 사무차장이자 일본의 무사도를 국제사회에 소개한 이토베 이나조는 미국인 여성과 결혼을 하여 일본에 와서 살았다. 그 당시 그는 일본인들의 선망으로 여겼다. 한국의 경우 한국 초대 대통령을 지낸 이승만 박사가 오스트리아 여성인 프란치스카 여사와 결혼하여 한국에서 생활했지만 높이 평가하지 않았다.

일본에는 2차 세계대전 이후 상당수의 혼혈아들이 태어났다. 그런데 그 혼혈아 중에서 백인 혼혈아는 대부분 사회적으로 존경을 받는 직업을 가지고 일본에서 성공하는 경우가 많았다. 그러나 백인이라도 본래 일본의 소수민족인 아이누는 일본사회에 정통으로 파고들지를 못했다. 그들은 외모가 백인과 비슷하기 때문에 가수나 배우 등 연예인으로 대부분 생활하고 일본 주류 사회에서는 인정을 받지 못했다.

한국사회에서도 백인이나 흑인이나 혼혈아는 사회적으로 대접을 받지 못하고 있다. 한국 여성들의 경우는 강한 국가인 미국 남성들에 대해서 호감도가 그렇게 높지가 않다. 그러나 일본여성들의 경우는 정반대의 의식구조를 가지고 있다. 일본인들은 자신보다 강한 민족과 국가에 대해서는 매우 나약한 존재로 전락하는 것이 바로 일본민족의 특성인 것이다.

일본인들은 자신보다 강한 민족과 일본민족만 좋아한다는 말이 있다. 일본은 서양인들 앞에서는 주눅이 들어 있다. 일본에서 좋은 대학에서 학위를 받는 사람도 미국에서 학위를 받은 사람 앞에서는 맥을 추지 못한다. 일본의 유명 정치인들의 대부분이 미국의 대학에서 연수를 하고 미국 유명 정치인들과 사교를 하고 있다.

일본의 정치인들 중에서 다나카 전 수상의 딸이자 외무장관을 역임한 유명 정치인인 다나까 마끼꼬 역시 미국의 유명 대학에서 공부하고 미국의 전 국무장관 키신저와 안보 보좌관을 역임한 브래즌스키 같은 학자들과 친하게 지내고 있다. 또한 나카소네 수상 역시 하버드에서 연수를 한 경력을 매우 중시하며 키신저의 제자라는 것을 자랑스러워하고 있다.

일본의 정치인이 수상에 당선되면 제일 먼저 방문하는 국가가 미국이다. 이것은 일본 정치인들이 가지고 있는 정치철학인 것이다.

일본의 젊은이들은 미국의 유명배우들을 닮고 모방하려고 노력을 하고 있다. 그 결과 대부분의 일본 젊은이들은 서양식으로 성형을 하고 외모를 꾸미기 때문에 서구형의 얼굴 모양으로 변화되고 있으며 동양 삼국 중에서 일본인들의 얼굴형이 가장 서양식으로 보인다.

스포츠에서도 일본인들은 야구를 굉장히 좋아하고 야구의 역사가 미국 다음으로 가장 오래 되었다. 그 이유는 바로 미국이 야구가 세며 미국을 모방한 운동경기이기 때문이다. 야구는 미국인들의 국민운동이다. 일본 역시 미국 다음의 야구광의 국가이다.

그런데 일본인들은 일본에 거주하는 제일 한국동포와 다른 소수민족인 아이누에 대해서는 일본사회에서 발을 붙이지 못하도록 하고 있다. 대부분 제일동포들은 인종차별 때문에 장사이외에는 다른 일을 하지 못한다. 대부분 파친코를 비롯하여 택시운전수, 오락시설 사업 등을 하는 경우가 많다. 그런데 한국인이 만일 구멍가게를 내어서 장사를 하는 경우, 동네에서 그 사람이 한국인이라는 것을 알면 그 다음부터는 일본인들이 한국인 가게에 가지를 않는다고 한다. 예전보다는 변하기는 하였지만 아직도 일본사회에서 한국인에 대한 편견은 심하다.

예를 들면 미소야 히바리라는 일본의 전설적인 여가수가 있었다. 그녀는 한국의 조용필의 노래 "돌아와요 부산항" 등 여러 곡의 한국노래를 불러서 한국인들에게 인기를 얻었다. 그 여가수가 죽자 일본의 천왕인 소아시대가 끝이 났다고 국민들이 말할 정도로 일본의 국민가수였다. 일본에서는 그녀에게 일본 최고의 훈장을 수여 하였다.

그만큼 미소야 히바리를 일본 국민들은 좋아하였다. 그녀의 어머니는 미소야 히바리의 성공을 위해서 이혼을 하였는데, 그녀의 아버지가 한국인이었기 때문이다. 그녀는 죽기 얼마 전에 자신의 아버지가 한국인이기 때문에 한국을 사랑한다는 고백을 하였다. 이것은 아직도 일본사회에서 한국인에 대한 차별이 얼마나 심한지를 알 수 있다.

스포츠 선수의 경우도 한국인은 차별을 받는다. 일본 자이안츠의 장훈 선수나 백인천 선수 등도 일본에서 야구선수 생활을 하면서 많은 차별 대우를 받았다.

이승엽 선수는 한국을 대표하는 야구 선수였다. 그런데 그가 일본에 가서는 맥을 추지 못하고 한국으로 돌아왔다. 이것은 물론 이승엽 개인기가 부족한 것을 인정하기는 한다. 그러나 그 보다도 야구란 팀 전체의 단합을 필요로 하는 운동경기이기 때문에 개인기보다도 팀원들의 협력 없이는 불가능한 경기이다. 따라서 이승엽의 경우는 한국인이라는 약점 때문에 일본인들의 팀웍에 제대로 호흡을 맞추지 못한 것이 그가 실패하고 한국에 돌아온 가장 큰 원인 중의 하나이다.

미국의 상징은 2가지이다. 하나는 플로리다에 있는 디즈니랜드이고, 다른 하나는 라스베가스이다. 디즈니랜드의 트레이드마크는 미키마우스이다. 미키마우스(쥐)는 미국이 열린 사회이며 누구나 다 행운을 쥘 수 있다는 것을 상징한다. 동시에 쥐가 고양이를 이길 수 있다는 것의 상징이다.

다음으로 라스베가스이다. 라스베가스에서 큰 행운을 잡는다는 것이다. 라스베가스에가서 카지노나 도박을 하고 복권을 사서 갑자기 큰 부를 얻는 행운을 얻을 수 있는 기회를 누구나 잡을 수 있다는 희망을 보여주는 곳이 바로 라스베가이기 때문에 미국을 상징하는 곳이 바로 라스베가스이다.

일본도 미국을 모방하여 디즈니랜드를 미국과 똑같이 만들어 놓았다. 일본을 초기의 개화기에 개혁을 성공시키는데 국부적인 역할을 한 인물은 후키자와 유기치이다. 후키자와 유기치의 얼굴이 담긴 화폐를 일본인들은 사용하고 있을 만큼 그는 일본사회에서 존경을 받는 인물이다. 그는 교육자로서 일본 게이오 대학의 설립자이다. 그는 당시 일본의 경제 및 교육 및 법 등의 모든 방식은 독일과 네델란드 등 서구식 모델을 그대로 모방하였다. 법률의 경우도 모든 법이 독일식 법을 채택하였다. 후키자와 유기치는 일본의 개혁을 위한 저서에서 일본인들의 성공은 결국 서구식 사회로 체제와 일본인들의 의식구조를 개혁하여야만 한다는 의식개혁을 위해서 전념을 한 인물이었다.

사실상 대부분의 사회 지도층 인사들은 서구식 개혁의 모방만이 일본 사회를 성공시킬 수 있다는 사고를 가지고 있었다.

일본이 문호개방을 서두른 것은 미국의 군함인 흑룡호가 입에 붉은 연기를 뿜으면서 나타나면 일본인들은 그 배가 상상만 하던 바로 진짜 용이 나타난 줄 알고서 빨리 미국과 통상조약을 체결하였다. 이처럼 일본인들은 서구문화를 좋아하고 강한 서양인과 일본인 자신만을 좋아하는 배타적인 성향이 매우 강하다. 좁은 섬에 갇혀져 있는 민족일수록 동질성을 매우 강하게 유지하기를 원하고, 동시에 이질적인 것이 대해서는 강한 배타성을 보이는 전형적인 모습이다.

5 집단을 우선으로 하는 일본인의 의식구조

가족주의 중심국가인 중국과 한국을 비롯하여 개인주의 국가인 미국과 일본 사회는 완전히 다른 사고를 바탕으로 한다. 미국은 '개인주의'를 바탕으로 하는 사회구조가 형성된 뒤 시작된 국가이다. 그러나 같은 농경사회 문화를 바탕으로 발전된 중국과 한국, 일본의 가족주의 문화는 각각 다른 형태로 변화를 추구해 나왔다.

일본의 가족문화는 한국이나 중국과 다르게 인간과 인간 사이를 바탕으로 한 하부구조를 형성하고 있다고 할 수 있다. 다시 말하면 일본의 가족문화는 개인보다는 집단을 중시하는 문화다. 농경사회를 바탕으로 하는 한국과 중국에서도 국민들이 집단주의적 사고를 가지고 있기는 하다. 그러나 한국과 중국은 혈통중심의 집단주의적 사고를 바탕으로 한다. 중국의 경우도 윗대의 선조들 중에서 큰 벼슬을 한 경우에는 그 아래대의 자손들은 선조들이 한 업적이나 벼슬에 대해서 굉장한 자부심을 가지고 있다.

중국 사회에서는 가족주의적 집단적인 방식으로 사람들을 평가한다. '수양산 그늘이 강동 70리'라는 말은 바로 가족주의적 집단주의를 의미한다. 수양산 그늘이라는 말은 바로 중국에서 가장 크고 경치가 아름다운 산이 수양산이며 그 수양산의 그늘은 70리까지 뻗어서 그 그늘 아래에 들어서기만 하면 시원함을 금치 못한다는 말이며 이것은 수양산 주변에 있는 모든 사람들이 그 그늘덕에 편안하고 시원하게 살아간다는 것을 의미한다.

중국이나 한국에서는 대개 같은 성씨를 바탕으로 하여 같은 성씨들끼리 모여서 사는 혈연중심의 사회를 형성하였다. 같은 성씨들이 모여서 사는 집단이기 때문에 만일에 그 집단에서 누가 장원 급제를 하게 되면 그 집단 전체가 한층 업그레이드 된다.

그러나 일본의 경우 집단이란 개념 자체가 한국이나 중국과 다르다. 일본인들은 메이지유신(일본 메이지 왕 때 막번체제(幕藩體制)를 무너뜨리고 왕정복고를 이룩한 변혁과정) 이전까지 일반인들은 성을 가지고 있지 않았다. 메이지유신 이후에 정부에서 누구나 다 성을 가지도록 하였다. 일본인들은 자신들의 필요에 의해서 성씨를 만들어 내었다. 따라서 일본인들은 혈연에 대한 개념이 매우 희박하다. 일본인들은 이종사촌 간끼리도 결혼이 허용되는 소위 말하는 근친간의 결혼은 별로 큰 문제가 되지 않는 이유가 바로 이러한 성씨의 혈연에 대한 개념을 중요시 여기지 않기 때문이다. 또한 일본인들은 친인척 집으로 양자를 가는 경우가 매우 허다하다. 가령 형이 자식이 없는 경우에는 동생의 아들이 형의 집의 아들로 양자로 입적을 하는 경우가 매우 흔한 일로 여기고 있다. 과거 일본의 유명 정치인이나 학자들 중에서 성은 다르더라도 같은 형제인 경우가 아주 많았다. 예를 들면 일본에서 가장 유명한 수상이며 노벨 평화상을 받은 사또 에이사꾸 수상과 일본을 대표하는 수상인 기시 노부스께 수상은 성은 다르지만 친 형제지간이었다. 둘은 친형제이지만 기시가 다른 집으로 양자를 감으로 인해서 성이 달라진 것이다.

또한 지금은 그 제도가 없어졌지만 형이 죽으며 형의 부인인 형수를 동생이 맡아서 결혼을 하는 경우가 매우 흔하였으며 이것은 하나의 풍습화 되기도 하였다.

일본에서 가장 많은 성씨는 '다나카'인데, 이는 밭에서 일하는 사람인 전중(田中)을 뜻한다. 이처럼 일본의 평민들은 필요에 따라서, 생활 속에서 쉽게 취할 수 있는 것을 성으로 만들었기 때문에 혈연에 대한 의식이 매우 약하다.

한국이나 중국의 경우 성씨와 혈연에 대한 전통은 매우 중요하다. 한국의 경우는 양반과 평민과 상민이라는 성씨에 대한 개념이 오랫동안 유지되어 내려왔다. 갑오경장인 1894년 이후에 양반과 상민에 대한 사회적 신분이 완전히 사라지기는 하였다. 하지만 '천, 방, 지, 추, 마, 골, 피'라는 7대성을 가진 사람들에 대해서는 선조가 혹시 상민출신이 아닌가 하는 의심을 가지도록 하였다.

역사적으로 한국을 대표하는 성씨는 신라시대는 박혁거세의 박씨를 비롯하여 김춘추를 비롯한 김씨와 고려시대의 왕건의 왕씨와 조선시대의 이성계의 전주 이씨 등이 원래의 전통 왕손의 귀족으로 여겨지기는 하였다. 따라서 김, 이, 박의 3대 성씨가 가장 많이 번창하여 이 3대 성씨를 가진 집단이 한국 사회에서 주류를 이루면서 가장 많은 인구로서 존재하였다.

동성의 성씨 중심의 집단주의적 가족주의적 사고를 바탕으로 하는 한국과 중국과는 달리 일본은 혈연이 아닌 사람들이 모여서 집단을 이루기 때문에 지역주의적 집단주의가 강하다.

한국이나 중국의 경우는 같은 지역에 같은 혈연의 성씨들이 모여서 살았다. 가령 경주 김씨의 경우는 같은 혈연들이 경주라는 지역을 중심으로 하여 모여서 살았다. 또한 청송 심씨, 청주 한씨, 밀양 박씨 등 성씨의 앞에는 지역의 이름이 먼저 붙어 다녔다. 이것은 바로 한국은 같은 성씨를 가진 혈연들이 중심이 되어서 그 지역에 모여 살았기 때문에 혈연중심의 사회 문화를 형성하였다. 가령 안동 김씨의 경우 그 가문을 안동지역에서 지역문화를 형성하기 때문에 그 지역의 다른 성씨들과의 문화적인 차원에서 서로 경쟁관계를 형성하면서 자신들 특유의 혈족의 전통문화를 형성해 나갔다. 예를들면 안동지방을 중심으로 하여 그 주변에는 4개의 성씨들이 중심이 되어서 집성촌을 이루고 살았다. 다시 말하면 안동 김씨, 안동 권씨, 인동 장씨, 하회 유씨 등이 중심이 되어서 살았다. 물론 그 지역에는 다른 성씨들도 많이 살고 있기는 하였지만 주로 이 성씨들이 주류를 이루면서 많은 인물들이 배출되면서 다른 성씨와 경쟁관계를 형성하였다.

안동 김씨의 경우는 조선 후기에 김조순을 중심으로 외척세력으로 크게 득세를 하였기 때문에 그 지역에서 역시 안동 김씨 세도가 활기를 치면서 안동지방의 음식문화를 비롯하여 의식주 전반에 영향을 미쳤다. 간고등어로 유명한 안동 김씨의 간고등어나 하회 유씨의 하회탈 등은 바로 이러한 혈연중심의 사회를 잘 나타내고 있다.

반면 일본의 경우 각 지역이 가지고 있는 지역주의적 문화가 강하고, 지역의 성공이 바로 개인의 성공과 직결되어 있다고 믿는다. 이렇게 일본인들이 가지고 있는 지역과 자신의 일치 현상은 지역의 성공을 위해서 자신의 성격을 지역에 맞추어 나간다는 것을 의미한다. 지금 일본의 도쿄나 오사카나 나고야 등에 있는 고유문화는 바로 일본의 지역적 특성을 잘 나타내고 있다.

이는 고대 그리스 시대의 자연주의 시대 다음에 나타난 지역주의 현상과 같은 맥락에서 이해할 수 있다. 자연주의적 사고에서 지역주의적 사고를 바탕으로 하는 그리스시대는 도시가 개인보다 더욱더 중요시 여기는 사회로 발전을 하였다. 그리스시대에 대표적인 도시는 아테네와 스파르타다. 스파르타는 군국주의적 사고를 바탕으로 개인보다 강한 국가를 목표로 발전의 속도를 추구해 나갔다.

일본의 국민들이 가지고 있는 지역주의적 사고는 다른 사람들과의 관계를 중요시 여기는 예의를 가장 기본으로 생각하고, 남에게 절대로 피해를 주지 않는 도를 중시하도록 만들었다. 한국과 같이 같은 혈연이 모여 사는 지역에서는 남에게 잘못을 저지르는 일이 자신의 친인척에게 피해를 주는 것이라 크게 문제 될 일이 없었다. 예를 들면 한국의 경우 혈연 중심의 집성촌에서 한 사람이 부모에 대해서 불효를 하는 경우 마을에서 그 사람을 집단적으로 모여서 벌을 주고 마을 밖으로 쫓아내는 등 혈연들 간의 불문율이 정해져 있었다. 일본의 경우는 사람과 사람간의 관계에서 지역의 발전이 이루어지기 때문에 남에 대한 깍듯한 예의를 가장 중요시 여기고 있다.

일본인들이 어디에든 '도'를 붙이는 이유가 바로 '남과의 관계' 때문이다. 가령 차를 마시는 경우에도 '차도'라고 하여 차를 마시는 법도가 있는 것이다. 또한 일본인들이 사용하는 칼 즉 검을 사용하는 경우에도 '검도'라는 예의가 있다. 따라서 일본인들은 어디든지 '도'라는 명목을 사용하여 다른 사람에게 절대로 피해를 입히지 않도록 하려고 노력을 하고 있다. 이것은 바로 집단주의적 사고를 바탕으로 하고 있기 때문이다.

또한 남들에게 절대로 신세를 지지 않으려고 한다. 그러나 부득이

한 경우 신세를 지고서 덕을 본 경우에는 반드시 그 은혜를 입은 부분에 대해서는 갚으려고 노력을 한다. 은혜를 입은 사람에 대해서는 은인으로 생각하고 유대관계를 돈독하게 유지해 나가는 경향도 있다.

일본인들이 가지고 있는 사고는 고대 그리스 도시사회에서 도시 전체의 발전을 위해 개인은 어느 정도 희생을 감수하여야만 한다는 사고와 같은 맥락에서 이해할 수 있다. 당시 그리스인들은 플라톤의 사상 중에 하나였던 '자식 공유론'을 주장했다. 혈연을 중시하는 곳에서부터 사회의 부정부패가 발생하기 때문이라는 것이다. 또한 도시민들의 재산은 가장 부자와 가장 가난한 자의 비율을 4대 1을 넘지 못하도록 하였다. 만일 4대 1을 넘는 경우에는 도시의 혼란을 초래하게 된다는 것이다.

일본의 경우 부유층과 빈민층의 생활습성에 큰 차이 없이 대부분 비슷한 문화적인 생활을 하고 있다. 조선시대부터 내려온 한국의 양반 상민에 대한 절대적인 계급의식이 일본사회에서는 크게 존재하지 않는다.

일본수상을 지낸 고이즈미 준치로나 다나까 가쿠에이나 나카소네 수상 등이 수상 시절 자신의 자택을 소개하는 것을 보면 그냥 평범하고 작은 일본식 집에서 조그만 다다미 방에서 차를 마시고 라면을 끓여서 먹는 아주 평범한 생활을 하고 있다.

1960-70년대 한국사회는 집집마다 집안에 식모를 두는 일이 유행한 적이 있었다. 대부분 중류거나 중류 이하의 집안들도 대부분 밥하

는 식모를 두는 것이 일상화 된 적이 있었다. 당시 일본수상이자 노벨 평화상을 받은 사토 수상의 부인이 한국을 방문한 적이 있었다. 사토는 전통 있는 사무라이 출신의 명문 집안이었다. 사토집안도 설거지를 비롯하여 집안일을 수상 부인이 직접한다는 것이다. 그런데 한국에 와서 보고 놀란 것은 집집마다 모두 밥하고 설거지 하는 식모를 두고 있다는 것에 대해서 놀랐다는 것이다.

그러나 직업적인 차원에서의 전통은 매우 중요시 여기고 있다. 자신들이 하는 일에 대해서는 매우 중요시 여기고 일에 대한 자부심이 매우 강하다. 따라서 가령 칼을 만드는 장인의 경우 좋은 명검을 만들기 위해서 최선을 다하는 정신을 가지고 있다. 비록 수입적인 면에서 더 많은 돈을 준다고 하더라도 절대로 다른 곳으로 직업을 변경하지 않고 한 우물만 파는 경향이 매우 강하다. 자신의 일에 대한 금전적인 보상이 적다고 할지라도 일에 대한 자부심으로 차 있고, 한번 직장을 잡은 경우에는 다른 직장이 비록 비전이 더 밝다고 할지라도 다른 곳으로 쉽사리 이직을 하지 않는다.

일본은 정치인 가문, 경제인 가문, 의료계 가문 등 직업적인 차원에서 한국과는 다른 전통을 중요시 하고 있다. 경제인의 경우 한국은 신흥 재벌들이 자꾸 나타나서 변화되어지고 있지만 일본의 경우는 메이지 유신 이후의 거의 대부분 그대로 전통적으로 유지되어 나오고 있다.

정치인 가문의 경우도 마찬가지이다. 현재 일본의 수상을 비롯한 거물급 정치인 치고 선조 대들이 대부분 수상이나 장관을 역임한 사람들이 대부분이다. 이처럼 일본인들은 자신의 직업에 대해서는 전통을 중요시 여기고 있다.

미국의 경우는 직장을 '잡(job)이라고 부른다. 그 이유는 직장은 단순히 밥을 먹기 위한 장소 이상의 것이 아니라는 사고를 가지고 있다. 그렇기 때문에 미국인들은 필요에 의해서 한 푼이라도 돈을 더 많이 주는 직장이 나타나면 그날부터 다른 직장으로 이직을 해버린다. 그러나 일본인들은 낮은 직책에 월급도 작은 직장에 있는 사람에게 높은 직책과 많은 월급을 제시한다고 하더라도 일본인은 쉽게 직장을 떠나지 않는다. 그 이유는 자신과 직장이 동일하다는 사고를 형성하고 있기 때문이다.

집단주의적 의식이 강한 일본의 경우 조직에서 노동조합이 매우 약하다. 노동조합은 원래 개인주의를 바탕으로 하는 서구사회 특히 미국에서 가장 발달되었다. 일본의 경우 사주를 자신을 먹여 살리는 집안의 가장으로 생각하기 때문에 사주에 대한 반항심보다는 자신이 은혜를 입은 은인으로 생각하기 때문이다.

일본의 노동조합 형태를 가부장적 노동조합형이라고 한다. 가부장적 노동조합제도는 사장과 사원은 아들과 아버지의 관계정도로 형성되어 있다. 따라서 사장은 대부분 부하 직원들을 자식과 같이 경조사를 비롯하여 성심성의껏 챙기기 때문에 직원이 비록 회사에 대해서 개인적인 불만이 있다고 할지라도 함부로 불만을 이야기 하지 못한다. 자연히 이러한 기업문화의 풍토 아래에서는 강력한 노동조합이 결성되기가 쉽지 않다.

한국의 경우도 대개 가족적인 분위기를 가진 회사의 노조가 약하고 공식적인 차원에서 형성된 기업의 노조는 매우 강하다. 한국을 대표하는 삼성의 노조는 그리 강하지 못하다. 삼성이 직원들에게 대하는 대우가 다른 회사의 직원들보다 좀 더 가족적이기 때문이다.

그러나 한국을 대표하는 다국적 기업인 삼성과 현대 및 엘지 등과 일본을 대표하는 다국적 기업인 미스비시, 미스이, 도요타 등의 노조를 비교하면 일본의 노조가 훨씬 약하다. 이것은 앞에서도 언급한 일본의 가부장적 기업문화 때문이다.

***

민족성이란 한 국가의 국민들 개인 각자들이 가지고 있는 개성과 특성을 의미한다. 인간의 특성을 규명한다는 것은 힘든 일이다. 인간의 마음속을 읽어내기도 어려울뿐더러 처해 있는 주변 환경에 따라서 그 인간의 성격은 달라지기 때문이다.

2차 세계대전 당시 미 국방성에 근무하던 인류학자 루즈 베네딕트 여사는 국방성의 연구보고서에서 일본의 민족성을 '국화와 칼'에 비유했다. 2차 세계대전 당시 미국은 일본으로부터 미국 본토는 아니지만, 건국 이래 처음으로 진주만 기습을 당했기 때문에 미국인의 일본인에 대한 적대적인 시각이 영향을 끼쳤을 것이다.

20세기를 대표하는 작가 펄벅 여사는 그녀의 대표작 《대지》에서 중국인들의 민족성을 순수하고 무지하게 표현했다. 펄벅은 대지에서 주인공 왕릉을 중심으로 한 중국인들의 무지와 순수한 인간미를 잘 표현하고 있다. 그러나 한국전쟁에서 1.4후퇴 전쟁 당시 나타난 중공군 100만 명의 모습은 과거 중국인들이 아닌 잔인하고 침략적인 모습으로 세계인들에게 보여 주었다. 이처럼 각 국가의 민족성은 그 국가가 가지고 있는 내적인 환경과 외적인 환경에 따라서 상당한 변화를 보이기도 한다.

"역사는 객관적인 사실에 의존하여 정확하게 분석해야 한다."

— 역사학의 아버지 레오폴드 랑케

"역사란 과거와 현재와 미래의 연속적인 대화다."

— 국제정치학자, 역사학자 에드가 카

"역사란 인간이 부족한 것을 매우기 위한 작용 반작용의 노동의 역사다."

— 마르크스

이런 관점에서 볼 때 베네딕트 여사의 일본에 대한 민족성을 '국화와 칼'이라고 정의를 내린 사실에 대해서 몇 가지 반론을 제기할 수 있다. 베네딕트가 말하는 '국화와 칼'은 서양인들이 보는 관점에서 일본인들이 가지고 있는 문화적인 민족이라는 것을 의미한다. 일본인들은 동양 민족 국가들 중에서 가장 앞선 민족이라는 것을 암시하고 있는 듯한 느낌이 든다.

이것은 2차 세계대전 당시 동양 삼국 중에서 일본이 유독 서양에 대항할 수 있을 정도의 국력을 가지고 있었기 때문이다. 특히 일본 민족은 자신보다 강한 민족에 대해서는 잘 융합하고 화합하고 모방하려고 하기 때문에 미국을 비롯한 서구인들의 눈에는 일본인들은 문화민족으로 오래전부터 인정받아왔다.

서양의 선교사를 비롯하여 초기의 일본에 거주하던 상인들은 일본을 야만인으로 보지 않고 서양문명과 문화에 잘 익숙한 민족으로 이해하고 있었다. 따라서 베네딕트의 '국화'라는 말은 국화를 사랑하는 유연성과 함께 남과의 관계를 중시여기고, 동시에 의무감과 책임감이 강한 예의바른 민족이라는 의미를 담고 있다. 그러나 일본은 무사도 정신에 의한 민족성 때문에 전쟁을 즐긴다고 했다. 《국화와 칼》은 일본 민족성을 대표하는 책으로 남아있기는 하지만 아직까지 계속해서 논란의 여지를 남기고 있다.

중국의 경우를 보자. 중국은 수천 년 동안 천자와 지방자치단체의 장인 제후들의 지배 체제 속에서 길들여지면서 민족성을 형성하였다. 천자 체제 속에서 거대한 국가를 형성하다보니, 내적으로 천자와 제후들의 지배 계급의 강력한 통제 속에서 살아남기 위해 겉과 속이 다른 이중성격의 형태를 유지해 나가야만 생존할 수 있었다. 자연히 중국인들은 대륙적인 기질과 이중성을 갖게 되었다.

현재 중국인 개인이 가지고 있는 성격과 국가가 국제사회에서 행하는 형태의 외교정책을 보면 그들의 사고를 잘 이해할 수 있다. 그들은 절대 정답을 알고 있더라도 그 자리에서 정답을 말하지 않는다. 중국인 10명 중에서 '1+1의 답이 무엇인가?'라고 물으면 무엇이라고 답할 것인가. 10명 중 5명은 '글쎄요'라고 말하고 나머지 3명은 '나중에 답한다'고 한다. 그리고 1~2명만 '정답이 2'라고 말한다. 이것은 중국인들이 수천 년 동안 천자라는 왕정 속에 시달려온 국민적 감정인 것이다.

외교정책 또한 이중외교정책을 추구해 나가고 있는 것이 중국인들의 외교 특성이다. 중국의 역사를 보면 진시황이 중국의 중원 천지를 통일하고 얼마 가지 못하고서 다시 삼국시대와 오호 16국, 위진남북조시대 등 많은 왕조를 거쳤다. 이 과정에서 그들은 천하를 통일하기 위해서 필요한 전술이 바로 원교근공 전략이나 합종연횡 전략 등 다양한 전략들을 구사하였고, 이 과정에서 중국의 지배 계급들은 이중외교 전략을 추구해 나갔다. 이러한 중국의 이중외교전략은 현재 국제사회에서 그대로 그 모습을 나타내고 있다.

중국과 러시아의 민족성은 어느 정도는 비슷한 시각에서 이해할 수 있다. 러시아와 중국은 지구상에서 가장 큰 영토를 가진 국가이면서 중국은 '죽의 장막', 러시아는 '철의 장막'이라고 불렸다. 양국 정부가 가지고 있는 정책을 비롯하여 국민성이 베일에 가려져 있기 때문이다.

러시아는 2차 세계대전 이후, 미국에 도전하여 미국 다음의 세계 강대국으로 등장하였다가 1988년 갑자기 동구권의 몰락과 함께 사라져 버렸다. 반면에 중국은 지금부터 150년 전 1840년의 서구세력의 동점으로 인해서 영국과의 아편 전쟁 등을 통해서 이빨 빠진 호랑이로 서양 강대국들에 의해서 무너져버렸다.

반면 일본은 어떻게 현재 미국 다음의 경제대국으로 자리를 유지하고 있고, 메이지유신 등 정치개혁을 성공적으로 이끌어낼 수 있었을까? 19세기 중반의 서세동점 시기에 한국과 중국은 왜 개혁에 실패하였는가?

이 문제에 대해서 '한국과 중국의 민족성이 일본과 다르기 때문'이라는 설이 가장 유력시되고 있다. 동양학의 석학인 하버드 대학의 존

페어뱅크 교수는 일본이 개혁에 성공을 한 이유는 일본의 '모방정신과 강한 국수주의' 때문이고, 중국이 개혁에 실패한 원인은 중국인들이 가지고 있는 '보수주의 사고와 가족주의 사고' 때문이라고 했다. 한국이 개혁에 실패한 원인 역시 중국과 같은 '보수주의와 가족주의의 사고' 때문이라고 주장했다.

한국과 중국과 일본이 쌀을 주식으로 농경사회 문화를 형성하고 있다. 그런데 한국의 경우는 한 집안에 8촌이 난다는 말이 있다. 사실상 과거 대가족 제도하에서 한국은 한 집안에서 8촌까지 같이 살았다.

그러다 보니 서열을 중요시 여기지 않을 수 없었다. 한지붕 아래 8촌까지 모여서 살다보니 서열을 중시 여기지 않으면 싸움이 나서 집안을 유지해 나갈 수가 없었다. 4촌이 논을 사면 점심을 사고 기뻐해야 할 사이에 배를 아파하는 사이로 변하게 되었다. 또한 4촌이 남만 못하다는 말이 나올 정도로 위계질서를 세우지 않으면 소위 말하는 콩가루 집안으로 변하게 되었다.

그중에서 시어머니와 며느리 관계에서 시어머니가 며느리를 꽉꽉 눌러 놓지 않으면 며느리가 말을 듣지 않으며 장자에게 재산을 주고 나머지 차남들은 맨몸으로 쫓아 버렸다. 중국 역시 한국과 마찬가지로 위계질서를 바탕으로 하는 유교주의적 가족주의 제도를 택하였다.

일본의 유교주의는 중국이나 한국과는 다른 사고를 가지고 출발하였다. 대륙국가인 중국에서 전파된 유교주의는 당시 동양사회 한국의 조선과 일본의 애도막부의 하부구조를 형성하였다. 당시 천왕이 있기는 하지만, 춘추전국시대가 계속된 일본에서는 하극상이 비일비재하게 일어났다. 그래서 도쿠가와 이에야스가 일본천하를 통일하면서 가장 중점을 두었던 일은 지배 계급인 사무라이 계급에서 하극상을 없애는 일이었다.

이에야스 막부시대는 한국의 조선시대에 해당된다. 조선시대 역시 기존의 불교를 국교로 여기던 고려시대에서 벗어나 억불숭유 정책을 펼쳐 유교를 국가의 하부구조로 하였다. 자연히 정치, 경제, 사회, 문화의 모든 분야에서 유교 중심의 사회를 형성하였다.

지배 계급은 한국의 경우 '사농공상'을 바탕으로 하는 반면, 일본은 '사무라이 농공상의' 계급으로 사회구조를 형성하였다. 한국과 일본 모두 '사 계급'이 지배 계급으로 등장하기는 하였다. 일본의 경우는 칼을 가진 사무라이 계급이 귀족계급이며, 한국의 경우는 글을 쓰는 선비계급이 귀족계급으로 등장하였다.

동양에서 일본과 한국이 같은 유교사상을 사회의 하부구조로 받아들이기는 하였지만 한국보다는 일본이 실용적으로 유교를 적용하였다. 동양사회에는 한국은 '효'를 중심으로, 일본은 유교를 '충'을 중심으로 발전시켜 나가면서 각국은 발전에 있어서 속도를 달리하고 있다.

일본의 경우는 지배 계급이 오로지 군주인 국가에 충성하는 일이 바로 명예로 생각하였다. 따라서 가족보다는 국가에 대한 공헌과 충성을 중요시 여겼다. 반면에 한국에서는 국가에서 왕에 대한 충성도 중요하지만, 자신의 가족을 더욱더 우선시하는 사회구조를 형성하면서 각종 부정부패가 생기게 되었다. 중국 역시 가족주의를 바탕으로 하는 사회구조를 형성하고 있어, 현재도 공무원의 부정부패를 비롯하여 사회 부조리가 동양 삼국 중에서 가장 심하다.

현재 동양 삼국 중에서 공무원 부정부패가 가장 심한 나라가 바로 중국이다. 중국에서는 59세의 반란이라는 말이 있다. 중국은 체제가 자유민주주의 체제가 아닌 공산주의 체제로 이루어져 있다. 따라서 자유주의 국가보다 매우 엄한 형벌을 가하고 있다. 특히 남을 제치고 혼자서만 잘 살겠다는 사고로 죄를 지은 경우는 사형까지 가는 극한 형을 가하고 있다.

59세의 반란이란 국가의 중책을 맡고 있는 공무원들이 대부분 59세에 비리를 저지르고 감옥행을 간다는 말에서 유래되었다. 59세가 되면 정년이 1년 남겨져 있다. 그런데 이들은 대부분 집안의 가장으로서 앞으로 1년 후에는 가족들을 위해서 할 일이 없어지게 된다. 따라서 자신은 이제 세상에서 살 만큼 살았기 때문에 가족을 위해서 한탕 크게 부정을 하여 가족들이 평생 그돈으로 잘 먹고 잘 살 수 있도록 하자는 의도에서 부정을 저지르는 것이다. 대부분의 중국 공무원들의 부정은 정년을 1년 앞둔 59세 시점에서 발생하는 경우가 허다하다.

이처럼 중국인들은 오로지 국가는 돌보지 않고 가족만을 생각하는 주의이다.

중국인들이 가장 많이 사용하는 말은 바로 자신의 집 앞의 눈을 쓸면서 “앞집 기왓장의 서리는 쳐다보지도 말라”는 말이다. 집 앞의 눈을 쓸면서도 자신과 관련이 없는 앞집의 기왓장에 있는 서리는 쳐다보지 말라는 말은 바로 남의 일에 간섭하지 말고 오로지 자신의 가족 일만을 하라는 말이다.

현재 중국의 중국산 물건이 국제시장에서 인기가 없다. 특히 먹는 음식은 수입 중국산에 대해서 경계를 하고 있다. 또한 수입품 중국산 음식을 먹기를 꺼려하는 이유는 중국인들은 자기 가족들 이외에 대해서는 다른 사람들이 음식을 먹고 건강을 해치거나 말거나 관심 밖이다. 한국도 초기에는 중국의 영향을 받아서 가족위주의 삶을 살아왔다.

대개 한국의 부모들은 자식을 위해서 잘먹고 잘 입지도 않고서 돈을 벌고 모아서 자식에게 모든 재산을 갖다 바쳤다. 현재는 소가족 제도로 변하면서 한국도 서서히 부모가 자식을 위해서 자신을 완전히 헌신하는 시대는 점차적으로 사라지고 있기는 하지만 아직까지도 한국은 가족주의 중심사회에서 벗어나지 못하고 있기는 하다. 그러나 중국처럼 무지막지하게 가족을 위해서 사회와 다른 사람들을 희생시키지는 않는다.

일본의 경우는 다르다. 일본은 오히려 가족은 피해를 보더라도 국가와 민족을 위하는 일을 하는 경우에는 영광으로 생각한다. 그 유래는 바로 일본 지배 계급인 사무라이 정신이 '효'가 아닌 국가의 왕인 주군에 대한 '충'에 기본적인 사고를 두었기 때문에 사무라이들은 재물보다는 명예를 중요시 여기면서 피지배 계급인 농공상인들로부터 존경을 받게 되었다. 그러나 한국의 조선시대의 지배 계급인 선비들은 피지배 계급들로부터 존경을 받지 못했다. 지배 계급이 피지배 계급에 대한 착취를 일삼아 왔기 때문이다. 결과적으로 일본이 한국보다 앞서 나가기 시작하였다. 또한 일본에는 과거 자주 일어나던 부하가 힘이 강해지면 상관을 쳐내던 불안한 시대는 사라지게 되었다.

도쿠가와 막부는 약 260년간 아주 안정되고 평화로운 시대의 역사를 만들어 내었다. 이러한 도쿠가와 시대가 평화를 유지해 나갈 수 있었던 것은 바로 유교적 사고이지만, 충을 바탕으로 한 사고를 가진 사회로 탈바꿈을 하였기 때문이다.

일본이 동양 삼국 중에서 가장 먼저 개혁에 성공한 이유는 무엇인가? 앞에서 언급한 것처럼 충을 바탕으로 한 국수주의가 가족을 중시하는 효를 바탕으로 하는 한국과 중국을 앞설 수 있다는 것은 이미 하버드 대학의 존 페어뱅크 박사의 논리에 대해서 설명을 하였다.

그러나 지정학적 차원에서도 해양세력의 국가들이 대륙세력의 국가들보다 개혁에 성공할 가능성이 더욱 크다고 한다. 고대 그리스 시대의 아테네와 스파르타 사이에서 지중해의 영향을 가장 많이 받은 해양세력 국가인 아테네가 문화적으로 가장 번창하였다. 이러한 사실은 지중해를 중심으로 문화적인 교류를 활발히 한 결과이다.

그리스 다음으로 나타난 대륙국가인 로마와 해양국가인 카르타고와의 관계에서도 알 수 있다. 대제국 로마는 지중해 중앙에 위치한 작은 섬나라 카르타고를 오랫동안 정복하지 못했다. 카르타고는 일찍부터 페니키아 상인 등을 통해서 발달된 문화와 군사적 장비를 발달시켜 나왔기 때문이다.

로마 이후, 대영제국 역시 유럽 대륙국가들과는 도버해협을 사이에 두고서 단절된 독자적 문화를 형성하였다. 대륙의 발달된 문화를 받아들이기는 하지만 자신들에게 적합한 문화를 만들 수 있는 여유가 있었기 때문이었다. 프랑스혁명 이후, 나폴레옹의 등장으로 유럽 전체는 모두 나폴레옹의 수중에 들어갔다. 오로지 영국만이 넬슨 제독을 비롯한 강력한 해군력으로 프랑스로부터 정복을 당하지 않았다. 이처럼 영국 역시 외세의 침입을 한 번도 받아보지 않았다.

신생국 미국이 세계 패권국으로 등장할 수 있었던 것은 바로 대서양을 사이에 두고서 유럽과의 관계를 유지해 나왔기 때문이다. 만일 신생국 미국이 유럽대륙과 연결되는 대륙국가이었더라면 미국은 현재의 세계 패권국으로 성장할 수 있었을까 하는 문제를 제기할 수 있다.

일본의 경우도 같은 맥락에서 이해할 수 있다. 개혁에 성공을 하고 빠른 속도로 성장을 하여 20세기 초에 유럽 최고의 강대국인 러시아와 아시아 최고의 강대국인 중국을 러일전쟁과 청일전쟁에서 승리할 수 있었다. 바로 섬나라 해양국이라는 지리적 위치가 큰 역할을 하였다. 이러한 이점 때문에 강한 태풍 등으로 외세 침입 또한 겪지 않을 수 있었다. 동양의 강대국 중국이 왕권이 바뀔 때 마다 일본을 치려고 했지만 번번히 실패한 이유가 바로 강한 태풍과 바람 때문에 실패하였다.

일반적으로 섬나라의 공통적인 민족성은 대륙 국가들이 가지고 있는 웅장함이 결여되기는 하였지만, 외세의 문화를 전적으로 받아들여서 자국의 풍토와 환경에 맞는 문화로 잘 변형하여 발전시켜 나가는 특성을 가지고 있다.

영국의 경우도 독일, 러시아 등 대륙 국가들이 가지고 있는 웅장함보다는 그 국가들이 가지고 있는 장점들을 잘 모방하여 자국의 특성에 맞는 문화로 성공적인 변화를 하였다. 일본의 경우는 종교적인 차원에서 이미 오래전부터 불교의 전래를 비롯하여 기독교와 유교 등이 전파되었다. 그러나 이러한 종교들은 일본 내에서 성공을 거두지 못하였다.

일본인들은 자신들이 가지고 있는 다신교인 토속신앙을 믿으며,

외세의 신앙에 대해서는 거부반응을 보였다. 일본인들이 믿는 불교는 순수한 불교가 아닌 자신들의 고유 신앙인 신도를 바탕으로 하여 변형된 불교인 것이다. 앞에서도 언급한 것처럼 도쿠가와 막부시대에 일본인들의 하부구조를 형성한 유교 역시 순수한 유교라기보다는 자신들의 환경에 맞는 유교로 발전시켜 나간 것이다.

일본인들의 신앙과 관련하여 몇 가지 예를 들어서 설명할 수가 있다.

불교와 관련하여 일본 역시 초기 백제로부터 전도 될 당시에 일본은 고유의 토속신인 자연신에 위배되기 때문에 자연신이 노하게 되면 일본은 망한다는 생각을 가지고 있었다. 신라에서 처음 불교를 전파한 이차돈이 순교되면서 목에서 붉은피가 아닌 흰피가 솟아서 십리까지 번져 나가자 신라는 그후 불교를 국교로 승인하였다.

일본에서는 자연신에 대한 두려움 때문에 불교를 받아들이기는 하였지만 자연신과 불교를 합친 토속신앙으로 변하게 되었다. 일본은 사람이 죽으면 누구나 다 화장을 해서 뼈를 묻는 납골묘를 만든다. 이것은 전통 불교의 형식을 따른 제도이다. 그러나 반면에 천왕한 사람에 대해서만큼은 화장이 아닌 매장을 한다. 그 이유는 앞에서도 설명한 것처럼 일본 천왕을 신격화시키기 때문이다. 또한 일본은 대승불교 대신에 소승불교의 사고를 가지고 있다. 소승불교는 불교에서 스스로 수양을 하여 자신이 부처가 되는 경지에 이르는 것을 권장하고 있다. 따라서 대승불교의 교리인 자신이 부처가 되도록 수양을 한 후에 남에게 불교를 전파하는 대승불교의 교리가 아닌 스스로 부처가 되고 죽은 후에는 집 주변에 있는 산과 들에 있는 신으로 변해서 집주변에 같이 있다고 믿고 있는 것이다.

일본이 현재 영혼이 없는 야스쿠니 신사 참배를 적극적으로 하려고 하는 이유는 무엇인가.

야스쿠니 신사에 자신들의 선조들의 영혼이 살아서 육체는 비록 없을지라도 영혼이 자신들을 돌보고 있다는 자연신 숭배정신 때문에 일본인들은 신사참배를 하는 것이다.

그러면 야스쿠니의 원 의미는 무엇인가.

야스쿠니의 원 의미는 전쟁을 싫어하고 평화를 사랑한다는 의미를 뜻한다. 전쟁을 하다가 죽은 영령들을 모셔놓은 야스쿠니에 신사참배를 하면서 그들은 무슨 생각을 하고 있을까.

야스쿠니는 다른 나라의 국립묘지와 달리 시체는 화장을 해서 다른곳에 놓아두고서 단순히 이름만 적힌 위패를 모셔 놓은 곳이다. 따라서 일단 이곳에 이름이 올라가면 그들은 신이 된다는 말이다. 앞에서도 말했지만 일본인들은 가족이 죽으면 자연신으로 돌아간다는 것이다. 그러나 야스쿠니에 이름이 올라간 사람들은 유일하게 신격화된 천황을 모시는 신이 되면서 천황이 돌보는 신이 되는 최고의 명예를 얻게 되는 것이다. 따라서 야스쿠니 신사에 자신의 가족들의 이름이 올라간 경우에는 그 가문의 영예로 생각하는 것이다.

이처럼 일본은 가족주의 사고 위에 국가에 충성하는 충성주의가 국가의 하부구조를 형성하고 있는 것이다. 인간은 누구나 다 주변환경에 영향을 받게 마련이다. 따라서 일본 군국주의 시대에 죽은 영령들은 대부분 국가를 위해서 전쟁터에서 죽은 사람들이다. 이들에게 참배를 하는 일본인들은 참배를 하면서 전쟁에 대한 향수를 생각하지 않을 수 없는 것이다.

야스쿠니가 가지고 있는 본래의 의미인 전쟁을 싫어하고 평화를 사랑한다는 말은 일본인들에게는 거짓말인 것이다.

일본이 불교를 국가에 받아들이는 과정에서 많은 반대에 부딪쳤듯이 기독교를 받아들이는 과정 역시 매우 강력하게 반대를 하였다. 일본이 기독교를 막는 과정에서 벌린 잔혹한 역사는 한국의 초기 천주교 신자들이 수교를 당한 것보다 수십 배 처참하게 기독교인들을 살해하였다.

한 예를 들면 한 네델란드 천주교인이 일본에 기독교를 전도하면서 그가 일본 정부에 붙잡혀서 사형을 기다리고 있었다. 그런데 그날 밤 그는 감옥에서 옆방에 있는 같은 네델란드인 동료 천주교인이 사형을 당하는 것을 보고는 그는 전도를 포기하고 일본인으로 귀화하였다. 그런데 그가 천주교 전도를 포기한 이유는 바로 옆방의 동료 사형수가 앓는 소리를 들었기 때문이다. 일본인들은 그 네델란드인 신부를 그냥 죽이지 않고 그냥 거꾸로 메달아 놓고 머리에서 피를 한 방울 한방울 떨어뜨려서 가장 심한 고통 속에서 죽이는 최악의 잔인한 행동을 하였다. 이것을 옆방에서 본 그 사형수는 그 자리에서 전도를 포기하고 일본인으로 귀화를 하였다는 실화가 있다.

일본에서 현재 기독교를 믿는 교인이 거의 없는 이유도 바로 일본인들은 타종교를 받아들이기는 과정에서 가장 잔인한 방법을 동원하여 거부하였기 때문이다.

일본인들은 전쟁 중에 행한 행동은 잔인하기 그지없다. 난징 대학살에서 보여 주었듯이 엄청난 중국인들을 생매장함은 물론이며 한국인들 독립운동자들을 생체실험을 하였다는 말에 대해서 상당한 근거 자료가 있다. 한국의 독립 운동가이며 "하늘과 바람과 별과 시"로 유명한 윤동주 시인 역시 감옥에서 생체실험의 대상으로서 죽음을 당하였다는 말이 있다.

그러면 일본인들은 왜 이렇게 살아있는 인간을 생체실험을 통해서 죽이거나 아니면 천주교 신자들의 박해 과정에서 잔인하게 죽이는 이유는 무엇인가.

바로 일본인들에게 철학적 사고가 부족하기 때문이다. 철학적 사고란 인간이 경험한 지식을 지혜롭게 활용하는 사고를 의미한다. 원효대사는 일본인들이 당시 불교를 믿는 것을 반대한다는 말에 대해서 일본인들은 타고 날 때부터 부족한 인간들이라고 비난하였다. 원효의 사상의 근간을 이루는 화쟁론의 가장 큰 의미는 모든 것의 근본은 동일하기 때문에 다툼을 피해야 한다는 것으로 쉽게 해석 할 수 있다.

원효는 공부를 더 하기 위해서 자신의 불교계에서 의형제를 맺어서 동생이 된 훗날 화엄종의 본산을 이룬 의상대사를 데리고 중국에 유학을 가다가 그는 압록강을 건너자 저녁이 되어서 캄캄한 동굴 속에서 잠자리에 들기 전에 목이 말라서 바가지 속에 있는 물을 마셨는데 그 물이 하도 달고 맛이 있어서 다음날 보니 그 물은 해골바가지 속의 아주 더러운 물이라는 사실을 보고 깨닫고 유학을 포기하고 신라로 다시 돌아왔다는 것이다. 원효의 사상은 최근의 명승인 성철스님의 "산은 산이요 물은 물이다."라는 말에서 우리는 그 의미를 부여

할 수 있다. 이러한 원효의 사상은 그의 사상의 주류를 이루고 있는 화쟁론 즉 다시 말하면 모든 것을 화해를 통해서 해결하자는 것을 의미하며 동시에 화해를 통한 용서를 의미한다.

한국인들은 일본인들과 달리 철학이 강하다. 한국인들의 피속에는 원효의 사상인 화쟁론이 깊이 흐르고 있다. 한국인들의 철학은 바로 용서를 통한 화해사상이다. 원효의 사상은 현재의 철학사상인 해체주의와 같은 맥락에서 이해할 수 있다. 해체주의의 근본은 구조주의 철학과 반대의 사상이다. 구조주의는 후기 산업화시대가 요구하는 사물의 정밀성, 신속성, 대량화, 기계화, 획일화를 바탕으로 한 사고이다. 그러나 21세기 철학은 그것을 해체화 시키는 철학이다. 물고기는 어디 부위가 가장 맛이 있는 부위인가. 물고기를 먹어본 사람이면 누구나 다 물고기의 진짜 맛은 머리라는 말 즉 어두일미라는 말은 누구나 다 아는 상식이다. 그러나 인간들은 생선의 진짜 맛이 머리라는 것을 알면서 왜 먹지 않을까.

그 원인은 생선의 머리뼈는 생선의 몸통속에 있는 뼈보다 갈라내기가 힘이 들기 때문이다. 생선의 몸통을 잘 발라서 먹고 뼈만 앙상한 물고기는 쉽게 만들 수 있다. 그러나 인간이 먹고 버리는 생선은 대부분 생선의 머리와 생선뼈만 있는 물고기를 생각 할 수 있다. 그러나 진짜 생선의 맛이 들어있는 머리는 발라내지 못하고 있다. 이것은 인간이 가지고 있는 불완전한 속성 때문이다. 인간은 불완전을 극복하기 위해서 단순히 정확성과 정밀성과 세분화와 과학화와 대량생산화만을 추구하면 불완전성을 극복한다는 사고를 가지고 있다.

이러한 인간의 사고는 완전성과는 점차적으로 멀어져가는 행위인 것이다. 인간의 불완전성을 극복하기 위해서 인간에게 필요한 것은 바로 해체주의인 것이다. 해체란 우주의 기본을 형성하고 있는 음과 양의 해체부터 시작되어야만 한다.

남성과 여성의 양성 평등화를 비롯하여 대도시 중앙에 서있는 높은 빌딩의 선이 과거의 정확한 수평선과 수직선에서 벗어나서 곡선과 구불구불한 수직선형으로 변화된 것이 바로 해체주의를 쉽게 설명하는 표현이라고 규정 할 수 있다.

고대 그리스 신화에 의하면 원래 신이 인간을 창조할 때 머리가 두 개이고 팔과 다리가 4개인 인간을 창조하였다. 그런데 머리가 두 개를 가지고 팔과 다리가 4개인 인간은 거의 신과 같은 완벽한 존재의 인간이었다. 따라서 신이 만들어 놓은 인간은 신에게 복종하는 것이 아니라 신에게 도전하는 강한 인간으로 되어져 버렸다.

신은 분노하였다. 그리고 신에게 필요한 부족하고 나약한 인간으로 만드는 방법을 생각하였다. 그 방법이 바로 두 개의 머리에서 하나의 머리로 4개의 팔과 다리에서 두 개의 팔과 다리를 가진 현재의 인간으로 만들어서 남자와 여자로 분리하여 만들어 놓았다.

따라서 현재의 나약한 인간이 다시 강하고 완벽한 인간으로 변하기 위해서는 해체주의를 통한 인간화인 것이다.

해체주의는 문과와 이과 공부의 통합성으로 더욱더 강하게 작용을 하고 있다. 물리학의 대가이자 원자폭탄을 만드는데 이론적인 체계를 수립한 아인슈타인의 상대성 이론이란 바로 해체주의 사상을 바탕으로 하였기 때문이다.

직선만으로 구성되었다는 빛은 굴절하고 또한 굴절시킬 수 있다는 논리가 바로 해체주의의 논리인 것이다. 아인슈타인은 모든 것이 절대적이 아닌 상대적이라는 것이다.

이말은 모든 것은 보는 관점에 따라서 달라진다는 것을 의미한다. 따라서 지구상에서 가장 빠른 빛도 꺾어서 저장을 할 수 있다는 논리를 제시하고 또한 압축시켜서 동시에 폭발시키는 경우 엄청난 힘을 낼 수 있다는 논리가 아인슈타인의 논리이며 여기서 원자폭탄이 만들어진 것이다.

한국인들의 철학이 강한 원인은 바로 원효의 화쟁 사상이자 해체주의사상이 일본인들보다 훨씬 강하게 머릿속에 흐리고 있기 때문이다. 반면에 일본인들은 몸속에는 바로 철저하게 눈에는 눈 이에는 이라는 인과응보의 사상이 머릿속을 채우고 있다. 따라서 그들은 인간의 생체실험을 비롯하여 잔인한 행동을 하는 것이다.

일본인들과 미국인들과 유럽인들의 철학적 사고를 한번 생각해 볼 수 있다. 서양 철학은 영미 철학과 대륙 철학으로 분리할 수 있다. 대륙철학은 독일과 프랑스 철학을 대표 할 수 있다. 영미 철학은 미국과 영국 철학이다. 그런데 가장 기본적인 사고는 바로 대륙철학은 원효의 화쟁론과 같은 맥락에서 이해할 수 있다. 다시 말하면 대륙철학의 기본은 모든 사물을 부정에서 시작해서 부정 부정 부정의 연속을 계속하다가 결국은 긍정으로 다시 생각해서 결국은 긍정으로 결론을 내리는 것이 바로 대륙 철학적 사고인 것이다.

반면에 영미철학은 부정에서 시작해서 부정 부정 부정을 되풀이하다가 결국은 부정에서 긍정으로 돌아서지 못하고 부정에서 끝을 내고 부정에서 결론을 내리는 철학이 바로 영미 철학인 것이다. 영미철학 중에서도 미국 철학이 특히 그러한 사고를 가지고 있다. 따라서 미국인들의 사고는 바로 냉정하고 아주 인간미가 없는 차가운 철학인 것이다.

그러나 미국인들에게 기독교가 공민교 역할을 하기 때문에 어느 정도는 변모되고 희석이 된 면이 있기는 하다. 기독교의 정신이 바로 사랑과 용서를 바탕으로 하기 때문에 용서와 화해를 어느 정도는 포용하려고 하기는 한다.

대부분의 할리우드 영화를 보면 미국인들이 가지고 있는 철학이 기독교와 희석이 되어져 있음을 알 수 있다. 할리우드 영화 속의 잔인한 죄인에 대해서 영화는 처음에는 부정으로 시작했다가 결국은 그 죄인의 죄에 대해서 용서와 사랑으로 대부분 영화의 막을 내린다.

미국인들은 가장 신성시 여기는 철학에까지 돈을 결부시킨다. 미국인들은 부모 자식 간에도 돈을 가지고 따지고 싸운다. 예를 들면 미국인들에게 가장 큰 명절은 동양의 추석에 해당되는 추수감사절과 크리스마스이다. 추수감사절만 되면 멀리서 형제들이 모인다. 처음에는 그들은 매우 반가운 마음으로 모이기는 하지만 헤어지는 날에는 한국인들과 다르다. 한국인들은 추석 연휴가 끝이나고 집으로 돌아갈 때는 매우 애석해 하면서 눈물을 흘리며 석별의 정을 나눈다. 그러나 미국인들은 정 반대다. 그들의 형제는 며칠사이에 원수가 될 정도로 싸워서 다시는 안볼 것 같이 싸우고 집을 나서 버린다.

기숙사에서도 마찬가지이다. 아무리 친한 한방의 친구라 할지라도 공부가 끝이 나고 헤어질 때는 그냥 말없이 인사 한마디 없이 가버린다. 왜냐하면 그들은 다른 곳에 가서 또 다른 친구를 사귀어야하기 때문에 정을 남기는 것을 싫어하기 때문이다. 이것이 바로 미국철학이다.

얼마 전에 모 변호사가 서울시 교육감에 출마한 일이 있었다. 그 변호사는 방송에 자주 출연하고 인기 프로인 솔로몬의 지혜에 자주 나타났기 때문에 대중적인 인지도가 다른 후보에 비해서 매우 높았다. 선거란 대중적인 인지도가 상당한 비중을 차지하기 때문에 그 변호사는 다른 후보자보다도 여론조사에서 거의 당선이 확실시 되었다.

그런데 그 변호사의 딸이 미국에서 성장하여 얼굴만 동양인이지 사고는 완전히 미국식 사고로 젖어 있었다. 그 딸이 "우리 아빠는 교육감 자격이 없다"는 말을 언론에 공개하면서 그 변호사는 결국 낙선과 함께 사회적으로 상당한 사회활동 제약을 받게 되었다.

여기서 우리는 무엇을 알 수 있는가. 만일 그 딸이 미국식 철학을 가지고 있지 않고 한국식 철학적 사고를 가지고 있다면 아버지에게 재를 뿌렸을까.

분명히 한국식 사고에서 부모와 자식 간에는 있을 수 없는 일이다. 한국 전통 속담에 팔불출이라는 말이 있다. 팔불출 중에서 마누라 자랑하는 사람, 자식 자랑하는 사람은 반병신이자 인격을 갖추지 못한 사람으로 놀림감의 대상이 된다. 왜 마누라 자랑하고 자식 자랑하는 사람을 모자라는 사람으로 놀림감이 될까. 그 이유는 간단하다. 바로 한국인들은 자기와 자식을 동일선상에서 놓고 아끼고 사랑하기 때문이다. 따라서 자식이 부모를 고발한 것은 도저히 동양인 한국 사회에서는 있을 수 없는 일이다. 그러기 때문에 한국 국민들은 더욱더 가슴을 아파하면서 딸의 손을 들어주었다.

형제는 카인의 후예이다. 이것은 동서양 사회가 똑같은 맥락에서 이해할 수 있다. 부모 밑에 있을 때가 형제이다. 그러나 부모가 없는 경우에는 원수가 된다. 나무 둥지에 있는 아직 날지 못하는 날개 없이 갓 태어난 어린 새들을 보면 그 새들은 둥지에서 어미새가 물어다 주는 벌레들을 서로 받아먹으려고 주둥이를 내밀고 있다. 그런데 어미새가 조금만 관리를 하지 않으면 그중에서 힘이 약한 새끼 새는 형제인 다른 새들이 떠밀어내어서 높은 나무의 둥지에서 떨어져서 죽어 버린다.

최근에 한국을 대표하는 재벌들이 서로 서로 형제들을 고발하고 자살하는 경우가 허다하게 일어나고 있다. 역사적으로 형제간부터 싸움을 하고 누가 권력을 잡으면 형제부터 제거시키는 것이 인간사회이다.

따라서 그 집안에서 누가 성공을 하면 그 형제는 다 성공을 하는 경우가 허다하다. 그 이유는 바로 형제가 도와주어서가 아니라 형제간에 가지고 있는 보이지 않는 경쟁심 때문이다. 국부론의 저자이자 경제철학자인 애담 스미스는 자본주의 성공은 보이지 않는 손이라고 말한 것처럼 형제간의 경쟁심이 결국은 형제의 성공을 만드는 원동력인 것이다.

일본 철학이 바로 미국 철학과 유사하다.

만일에 일본의 유명한 고승이 원효와 같이 캄캄한 밤중에 자신이 생각하지도 않은 더러운 물을 마시고 다음날 보니 해골이 썩은 물이라는 사실을 알아차렸다면 그는 어떠한 행동을 했을까.

일본인들이 가지고 있는 사고의 관점에서 보면 그는 분명히 그 바가지를 내동댕이 처서 그 해골을 박살을 내고 다시 분을 이기지 못하고 뼛속 깊이 생각하고 속에서 어제 먹은 썩은 물을 생각하고 토하려고 등을 두드리고 난리를 부리고 난 후 같이 가던 일행에게 횡포를 부리고 유학을 중단하는 것이 아니라 악착같이 공부를 계속하려고 중국을 갔을 것이다.

일본인들이 가장 많이 사용하는 말인 요시라는 말은 긍정적인 면에서 보면 의미가 그래 좋았어이다. 그런데 요시라는 말의 진짜 철학적인 관점에서 파고 들어가면 무서운 의미가 내포 되어져 있다. 요시라는 말이 나오면 대부분 그 사람은 무서운 결심이랄까 아니면 복수의 의미가 담겨져 있는 것이다.

수년 전 한국이 세계 야구 전에서 일본을 제치고 우승인가 준우승을 한 일이 있었다. 그 당시 일본의 대표주자이자 미국에서 홈런을 치는 것이 아니라 단타를 잘 치기로 이름이 난 스즈키 이치로 선수는 술을 마시고 곤드레가 되어서 한국전에서 진것에 대해서 요시 하면서 복수의 칼을 갈았다는 뉴스를 들었다. 또한 중국의 후진타오 주석이 당시 일본에서 가장 수명이 길면서 인기가 있었던 고이즈미 준이치로 수상에 대해서 야스쿠니 신사 참배에 대해서 매우 불쾌한 표정을 지으면서 만일 고이즈미 수상이 계속해서 야스쿠니 신사를 참배한다면 중일 관계에 금이 갈것이라는 경고를 하였다. 당시 고이즈미는 요시 하면서 속으로는 반대로 더욱더 야스쿠니 신사를 참배를 강행했던 것이다.

아베 신조 총리를 비롯한 일본의 정치인 역시 세계 각국의 반대에도 불구하고 신사참배를 강행하고 있는 것은 바로 요시라는 얄팍한 철학적 사고에서 나온 현상이라고 단정 할 수 있다.

일본의 전범 중에서 가장 중량급 전범으로 분류 되어서 이차대전 이후 연합군에 의해서 사형을 당했던 도죠 히데키에 대한 일화는 일본인들의 얄팍한 극과 극을 오가는 철학적 사고를 가지고 있다.

도죠 히데키는 어릴 적에 아버지가 공부를 시키면 하도 잠이 많아서 책만 들면 잠이 오는 형의 열등생이었다. 도죠의 말에 의하면 책이 바로 수면제를 먹는 것과 같이 책만 들면 졸음이 와서 어쩔 줄을 몰랐다고 한다. 그의 아버지는 도죠를 추운 한 겨울날에 물이 얼어붙은 얼음 통에 발가벗겨서 집어넣었다. 그런데도 도죠가 책만 들면 조는 습관을 버리지 못하자 이번에는 도죠의 책상머리에 시퍼렇고 날카로운 칼을 매달아서 깜박이라도 조는 경우에는 그의 이마는 칼에 날아가도록 하였다. 그러자 도죠는 정신이 나서 그 다음부터 조는 습관이 완전히 사라졌다는 일화가 있으며 그후 도죠의 별명은 면도칼이라고 불렀다.

이러한 성격의 소유자인 도죠가 전시에 총리를 맡아서 전 군을 지휘하였기 때문에 일본인들이 식민지인 한국인이나 점령군인 중국인들에게 행한 무자비한 행동은 바로 도죠의 성격과 같은 맥락에서 이해할 수 있다.

임진왜란 당시 일본인들이 조선과의 전쟁 중에 행한 야만적이고 무자비한 행동은 그들에게는 인간이 닦아온 경험을 무시한 철학적인 사고가 부족하다는 것을 알 수 있다. 임진왜란 당시 일본군들은 조선인들을 죽인 숫자만큼 자신들이 군에서 계급이 올라가도록 하였다. 그 결과 그들이 사람을 죽인 숫자를 알리기 위해서 사람들을 죽이고 나서 반드시 귀를 잘라서 가지고 본국으로 가지고 갔다.

이러한 야만적인 행동은 어메리카 인디언들이 미국의 백인들과의 전투에서 죽인 백인들의 머리 가죽을 벗겨서 가지고 간 것과 같은 맥락에서 야만적이고 잔인한 성격의 소유자라는 것을 이해할 수 있다.

철학자이자 수학자인 파스칼은 그의 명저인 《팡세》에서 독침 하나에도 죽는 연약한 인간이 절대적으로 죽지 않는 아주 강한 우주를 지배하는 원인은 바로 약한 인간은 자신이 약하다는 것을 알고 강한 우주는 자신이 강하다는 것을 모르기 때문이며 "인간은 생각하는 갈대이다"라고 말하고 있다. 따라서 인간이 생각하는 갈대라는 것은 인간은 생각의 철학을 가지고 있기 때문에 무지하고 극단적인 행동을 피하고 있는 것이다.

원시인인 인간이 인간보다 수십배 강한 맘모스를 이겨내는 원인은 극단적인 방법으로 힘과 힘의 대결을 피하고 머리를 써서 그들을 낭떠러지로 유인하여 떨어뜨려서 죽이는 머리를 쓰는 방법을 택하고 있기 때문이다.

이차대전 당시 일본이 보여준 전략적인 행동에서 일본인들이 가지고 있는 얄팍한 철학적 사고를 알 수 있다.

이차대전을 일으킨 주역은 도죠를 중심으로 하는 지도층의 사고를 대변하고 있다. 도죠는 면도칼이라는 별명과 같이 무조건 밀어붙이면 안되는 일도 되는 불가능은 없다는 사고를 가지고 있다. 그러나 그의 사고는 나폴레옹이 말하는 내 사전에는 불가능은 없다라는 말과는 다른 비합리적인 사고를 가지고 있었다. 나폴레옹은 아무도 넘지 못하는 눈으로 빙판 진 알프스산맥을 넘기 위해서 합리적이고 과학적인 방법을 동원하여 알프스를 넘었다. 그러나 도죠의 생각은 완전히 다르다. 정신일도 하사불사라는 오로지 정신 무장만 하면 만사가 해결된다는 어리석은 사고를 가지고 있었다. 도죠의 부하들도 같은 사고를 가지고 있었으며 이것은 일본인 전체의 사고가 바로 이러한 비합리적이고 얄팍한 철학적 사고를 바탕으로 하고 있다.

이차대전 당시 일본이 로마이래 인류 최대의 강대국인 미국을 먼저 공격한 이유도 바로 도죠의 정신만 차리면 이길 수 있다는 단순한 사고와 세상을 모르는 무식한 사고에서 나온 것이다. 물론 미국이 중립을 지키면서도 결국에는 연합국측을 도와서 전쟁에 참전을 한다는 것은 누구나 다아는 사실로서 일본은 미국 때문에 당시 엄청난 압박을 받기는 하였다.

그러나 먼저 선재공격을 감행하는 경우 전쟁에 대한 빌미를 제공하기 때문에 아주 어리석은 전략인 것이다.

두 번째, 일본인들은 인도지나 공격에서 보급로의 어려움과 동시에 연합국들의 보급로 차단을 비롯하여 무기가 떨어지자 대죽창을 만들어서 풍부한 연합국들과 싸워서 이길 수 있다는 생각을 가지고 있었다.

또한 이차대전 당시 유명한 가미가제 돌격대는 바로 일본인들이 얼마나 얄팍한 철학적 사고를 가지고 있는지를 알 수 있다. 일본인들은 태평양 한복판에 떠있는 거대한 군함을 파괴하기 위해서 가미가제 특공대를 천왕의 이름으로 모집하였다. 천왕을 신으로 모시는 일본의 청년들은 자신의 목숨을 두려워하지 않고 한사람이 탈수 있는 작은 비행기를 타고 태평양에 떠있는 거대한 군함의 굴뚝 속으로 뛰어들어서 군함을 침몰시키려는 시도는 얼마나 일본인들의 무모함과 동시 야만성과 미개성을 가지고 있는지를 알 수 있다.

그러면 왜 일본의 젊은이들은 천왕을 위해서 목숨을 바쳤을까. 바로 죽은 후에 야스쿠니 신사에 자신의 위패를 만들 수 있다는 영웅심으로 그들은 바다에서 자살을 한 것이다.

이것을 보면 현재 일본에서 야스쿠니 신사참배를 하는 사람들은 모두가 다 전쟁에 대해서 나쁘게 생각할 수 있을까하는 생각이 든다.

이렇게 얕고 얄팍한 철학을 가진 일본인들에 대해서 그들은 무슨 일이든지 저지를 수 있다는 생각을 하지 않을 수 없는 것이다. 왜냐하면 과거 일본의 역사에서 우리는 그들의 철학을 알았기 때문이다.

이것이 바로 일본인들이 가지고 있는 빈약한 철학인 것이며 이것을 다음 장에서 자세하게 설명하는 사마쿠니 곤조라는 얕은 사고의 철학인 것이다.

제 2장

위험한 사무라이 정신의 후예 일본

1 사마쿠니 곤조

현재 일본민족은 모두가 사무라이 계급의 후손이다. 그들은 직접으로 사무라이는 아니지만 간접적인 사무라이들이다. 사무라이의 가장 큰 특성은 복수심이다. 이것을 '사마쿠니 곤조' 라고 한다. 현재 모든 일본인들의 가슴속에는 과거 일본이 2차 세계대전 당시 전 세계를 상대로 싸웠던 전쟁을 자랑스럽게 생각하고 있다. 그들은 거인 미국을 공격한 진주만 사건에 대해서 영광으로 생각한다.

그들은 2차 세계대전을 일으켜서 전 세계 정복의 야심을 불태웠던 향수를 그리워하고 있다. 그들은 지금도 그들의 선조이자 최고의 지배 계급이 칼을 휘두르는 무용담을 밤을 지새우며 자신의 후손들에게 들려주고 있다. 그들이 들려주는 사무라이 무용담은 이제 수세기를 통해서 전해 내려지고 있다.

사무라이 후손들의 욕망은 결국 최후를 맞이하기는 하였다. 무사들의 통치는 결국 '칼은 칼로서 망한다'는 말을 증명한 것이다. 그러나 그들의 후손인 사무라이는 마지막 사무라이 정신이 아닌 빛바랜 백일홍으로 또 다시 세계 패권국으로 부활하려는 기미를 보이고 있다.

빛바랜 라스트 사무라이는 서서히 살아나서 이제 이슬을 막 머금고 갓 피어난 주홍빛 맑은 아름다운 사무라이로 새로운 변장을 시도해 나가고 있다.

조선의 왕후 민비가 일본 사무라이들이 휘두르는 칼에 시해되었다. 사무라이들은 여기서 끝내지 않고, 다음에는 자신들을 보호해준 패권국 미국으로 칼을 겨누어 진주만을 습격하였다. 당시 그들은 '신풍' 즉 '가미가제'라는 신의 힘을 빌리면 미국을 이길 수 있다는 신념으로 가득 차 있었다. 라스트 사무라이들은 패권국 미국에 대해서 선조인 막부시대의 사무라이들의 정신력을 빌렸다. 이미 동맹국 독일과 이태리가 항복을 하였지만, 사무라이 정신을 바탕으로 한 일본은 결코 항복을 하지 않았다.

만일 미국이 원자폭탄을 발명하지 않았더라면 일본은 영원히 2차 대전에서 항복을 하지 않았을까. 확실히 일본 사무라이들은 2차 세계대전에서 몇 년은 더 버티었을 것이다. 원자폭탄의 위력은 일본의 사무라이 정신을 항복시키고 말았다. 사무라이 무사정신의 제1호는 바로 임전무퇴(臨戰無退), 즉 싸움에서는 절대로 물러서지 않는다는 것이다. 전쟁에서 패하는 경우에는 당당하게 죽는 것이 사무라이 정신이다.

라스트 사무라이는 복수심으로 가득 차 있다. 2차 세계대전 이후 사무라이들은 무장이 해제당하고 말았다. 허리에 찾던 칼을 영원히 못 차도록 전 세계로부터 금지당하고 말았다. 집단행동을 못하도록 되어져 있다. 타국의 침략 시 자국의 방위만 허용하도록 되어져 있다. 그러나 그들은 패전국이나 승전국 모두를 제치고 세계에서 가장 먼저 경제대국으로 우뚝 일어나서 전 세계를 방위하는데 앞장서고 있다.

1867년 메이지유신 이후 얼마 후 한국을 돕는다는 명목으로 조선과 '통상수호 조약'을 비롯하여, 청일전쟁에서 승리한 일본 사무라이들은 이렇게 말하고 있다.

"일본의 승리는 단순히 총이 아니라, 막부시대부터 살아온 일본 사무라이들이 휘두르는 진정한 검의 정신에서 나왔다."

청일전쟁의 승리는 일본 사무라이들에게 날개를 달아주었다. 곧 이어서 러시아를 검으로 쓰러트렸다. 당시 전 세계의 뉴스는 힘센 곰과 꾀 많은 여우와의 전쟁에서 여우인 일본이 미련하고 힘센 러시아 곰을 외나무다리로 유인하여 다리 아래로 떨어뜨려 죽이는 그림으로 러일전쟁을 풍자하였다.

사무라이 정신은 무에서 유를 창조하고, 불가능을 가능으로 만드는 정신력인 '사마쿠니 곤조'를 가지고 있으며 일본인들의 사고를 지배하고 있다는 생각을 가지고 있다.

사마쿠니 곤조가 무서운 이유는 무엇인가. 그 이유는 바로 세상과 동떨어진 일종의 광신도적인 사고를 가지고 달려들기 때문이다.

무엇이든지 하면 되겠지 하는 공상적인 사고 때문에 무서운 것이며 그들은 겁 없이 달려드는 것이다. 무식한 사람이 용감하며 하룻강아지 범 무서운줄 모른다라는 말이 바로 일본인들을 두고 하는 말이다.

한국인들의 성격과 비교하면 한국인들이 잘 휘지면서 그 대신에 잘 부러지지 않는 연철이라면 사마쿠니 곤조는 강하지만 잘 부러지는 강철의 성격이라고 할 수 있다. 따라서 그들은 겁 없이 달려들어서 일을 저지르고는 끝에 가서는 부러져 버린다. 따라서 한국인의 성격과 비슷한 모나지 않은 연철과 모가 난 강철을 비교하면 보기에는 연철이 약해 보이나 강철보다 수명이 길며 이것이 바로 한국인들이 외세의 침입에도 불구하고 오래가는 이유인 것이다.

일본인들의 특성인 사마쿠니 곤조는 세계에서 가장 발달된 추리 소설과 만화 에니메이션에 잘 나타나 있다.

물론 소설이란 허구에서 시작된 것이지만 추리소설이 가장 발달된 원인은 바로 공포를 조성하는 탐정소설에 나오는 미스터리의 사건들을 논리적으로 실마리를 풀어서 문제를 해결하는 것이다. 대개 추리소설의 주제들을 보면 살인사건들이 주요 주제들이며 범인은 결국은 우리가 전혀 상상 밖의 인물들이 소설의 주인공이자 살인범이다.

일본에서 추리 소설과 마찬가지로 만화 에니메이션이 세계에서 가장 발달되었다. 그 이유는 바로 일본인들이 사실과 동떨어진 무서운 생각을 가지고 있다는 것을 의미하고 동시에 좋아한다는 것이다.

앞에서도 일본인들은 깊이 있는 철학은 부족한 반면 아주 얄팍한 추리소설의 대명사인 탐정소설이나 어린이들의 동화 같은 만화를 좋아하는 것은 바로 깊이 있는 철학적 사고를 싫어하고 복잡한 생각을 싫어하는 단순한 성격의 소유자들이라는 것을 의미한다.

일본의 문화를 한국의 어느 문인이 축소지향형의 일본이라는 주제로 책을 발간하여 매우 큰 관심과 인기를 모은 적이 있었다.

이 저자가 주장하는 일본인들은 큰 우산을 작게 접고 젓가락을 사용하고 작은 공기 밥을 먹는 등 대부분 작게 만들어 나가는 문화라는 점에 초점을 맞추어서 논리를 전개해 나가고 있다.

그러나 사상적인 차원에서는 정반대이다. 축소지향형이 아닌 확대지향형이라고 할 수 있다. 안으로가 아닌 밖으로 자꾸 나가려는 확대지향형이 일본인들이 가지고 있는 의식구조인 것이다.

군사전략적인 차원에서 보면 일본인들이 가지고 있는 유형은 축소지향형, 현상유지형, 확대지향형의 3가지 전략 중에서 확대지향형이라고 할 수 있다. 축소지향은 자신의 국가의 힘을 축소시켜서 다른 나라에게 자국의 힘을 강화시키지 않는 정책으로 평화를 지향하는 국가적 정책이 이에 속한다. 반면에 현상유지형은 자국의 힘을 축소하거나 확대하는 것이 아니라 단지 현재의 상태로 유지해 나가는 정책을 의미하며 대부분의 국가들이 이러한 정책을 추구해 나가기 때문에 이 정책 역시 평화를 바탕으로 하는 정책을 의미한다. 그러나 확대지향형의 국가정책은 군비를 확대하고 자국의 세력을 확대하겠다는 의도를 가진 국가전략이기 때문에 매우 위험한 사고인 것이다. 일본인들이 가지고 있는 사고는 바로 이러한 확대지향형의 사고인 것이다.

앞에서도 설명한 것처럼 이차대전을 일으킨 도죠를 비롯한 전범들의 사고는 확대지향형의 사고로 문제는 단순하기 때문에 겁이 없이 뒷일을 생각하지 않고 일을 저지르는 것이다.

무슨 일이든지 일을 저지르는 사람들의 사고는 뒤를 생각하지 않는 단순한 사고 때문에 일이 생기게 되는 것이다.

일본을 전쟁의 도가니로 몰아넣은 도죠와 같이 독일을 전쟁으로 몰아간 제 3제국의 히틀러 역시 머리가 너무나 단순하였다. 히틀러가 전쟁을 일으키도록 뒤에서 조종한 제 3제국의 선전장관 괴벨스 역시 단순한 사고의 소유자 였다.

괴벨스는 그의 트레이드 마크인 "나에게 한 문장만 준다면 누구든지 감옥에 보낼 수 있다"는 말로서 국민들을 단순화 시켜 나갔다. 나치정부의 마크인 우리나라에서 사용하는 절의 마크를 거꾸로 만든 나치부호는 바로 단순성을 의미하는 것이다. 문장도 가장 간단한 문장을 되풀이 하도록 하는데 그쳤다. 나찌 돌격대 이상으로 일본의 신풍 즉 가미가제 돌격대도 단순한 사고를 가진 사람들이다.

일본인들은 정치인들을 높이 보지 않는다. 수년 전 일본에서 이차대전 이후 3번째 장수 총리로서 5년 가까이 집권한 고이즈미를 비롯하여 대부분의 정치인들의 머리는 바로 단순화된 인간들의 대명사이다. 그들은 검도복을 입고서 칼에 무슨 철학이 있는 것처럼 깊이 있게 눈을 지그시 감고서 묵념을 하면서 칼에 힘을 주고서 쥐고 있는 흉내를 내고 있다.

또한 차를 마실 때도 차에 깊이 있는 철학이 들어있는 것처럼 조심해서 다도의 정신을 살려서 조용히 차를 들이키는 흉내를 내고 있다. 일본인들은 차를 마시는 사람들의 품위를 보고서 그 사람의 됨됨이를 평가한다. 차를 마시는 진지함에서 그 사람이 좋은 가정에서 훌륭한 교육을 받고 자랐는지 아닌지를 평가하는 습관을 가지고 있다. 만일 차를 아무런 생각 없이 그냥 물 마시듯이 들이키는 경우 그는 아주 교양이 없는 인간으로 취급하고 다음에는 다시는 만나려고 하지를 않는다.

일본에서 일어난 한 이야기는 바로 일본인들이 얼마나 차를 마실 때 신중해야만 하는지를 보여 주고 있다. 일본에서 사회적으로 명망이 있는 한 인사가 자신의 친구를 아주 오랜 만에 만나는 기회가 생겨 자신의 집으로 그 친구를 초대하여 차를 내 놓았는데 그 친구는 아마 목이 말랐던지 그 차를 물을 마시듯이 쭉 단숨에 순식간에 아무 말도 없이 마시고 말았다. 그런데 그 광경을 보고 있던 주인 되는 친구는 친구가 교양이 없는 친구이며 가벼운 친구로 보고서 다시는 상대할 친구가 못된다는 생각으로 그 친구를 그 자리에서 집 밖으로 떠밀어내고는 그 후로 다시는 만나지 않았다는 실화가 있다.

이처럼 일본인들은 차를 마실 때 아무리 바빠도 다도를 지키는 습관을 가지고 있다.

그러나 그들의 단순성은 바로 정치적인 차원에서 야스쿠니 신사 참배를 강행하는 것을 보면 알 수 있으며 언제든지 도죠나 히틀러가 일으켰던 전쟁을 다시 일으킬 소질을 다분히 소유하고 있는 것이다.

한국과 중국이 두려워하는 것은 바로 일본이 과거에 행한 행적 때문이다. 자라보고 놀란 가슴 솥뚜껑 보고 놀란다는 말이 있다.

서양에서는 세계 평화주의자이며 대 철학자 칸트를 배출한 독일에서 히틀러와 같은 유태인 6백만을 학살할 인간이 나타날 줄은 아무도 예상하지 못했다. 그러나 현재 독일은 세계 평화를 위해서 앞장서 있으며 현재 나토본부가 독일에 있으며 유럽에서는 가장 강한 군사적 강국으로 부상하였다.

그러나 독일 역시 과거의 전력 때문에 약간 겁이 나기는 한다. 이차대전에서 독일이 보여준 군사적 행동은 전혀 예상 밖이었다. 일차 대전이 끝이 나고 독일은 전쟁을 일으킬만한 시간적인 여유와 경제적 여유가 없었음에도 불구하고 유럽 최강의 육군 국인 프랑스 군대를 독일의 전차부대가 순식간에 격파하고 유럽을 휩쓸었다는 사실에서 중국과 한국의 동양국가들은 일본의 재무장에 대해서 조심과 경계를 게을리 해서는 안된다.

독일은 철학이 있고 국민성이 깊이가 있는 민족성을 가지고 있다. 그러나 독일보다 훨씬 더 위험한 나라는 철학이 없이 사마쿠니 곤조만 앞세우는 단순한 일본이다.

사마쿠니 곤조와 사이비 집단의 교주를 비롯하여 맹신도들과 비교해서 생각해 볼 수 있다. 일본에서 테러를 일으키는 옴교의 주교 및 신도를 비롯하여 한국에서 오대양 사건의 사이비 종교, 미국 짐 존스의 사이비 종교집단의 집단자살 등 사이비 종교집단이 사회적으로 일으키는 물의는 적지 않다.

그러면 그들은 왜 자신의 재산을 다 바치고 심지어는 생명까지 바치는가.

바로 그들이 가지고 있는 한 가지에만 몰입하는 단순성 때문이며 이러한 단순성이 결국 앞뒤와 물불을 가리지 않고 행동을 하는 것이다.

현재 일본의 극우 보수주의자들은 일본 헌법 9조를 개정하고 일본군을 이차대전 이전의 군사적 강대국으로 다시 만들자는 성토를 하고 있다. 사실상 우리는 이차대전이 일어나자 아무도 예상하지 못했던 독일 전차부대의 유럽 최강 육군 국 프랑스 군대의 격파사실에서 일본의 현재 군사적 힘을 다시 한번 생각해 볼 필요가 있는 것이다.

2 대인배 기질을 바탕으로 하는 정신

일본인들은 대인 배 정신을 중요시 여기고 있다. 이기주의적이고 개인주의적인 에고이스트적인 사고를 소인배라고 하는 대신에 좀 더 남을 위하고 자신을 희생하는 정신을 대인배라고 규정할 수 있다.

일본인들의 마음속에 흐르는 정신인 사무라이 정신은 그들이 사용하는 검에서 잘 나타난다. 사무라이들은 칼끝에 자신들의 모든 정신을 불어넣는다. 자신이 칼과 혼연일치가 될 때까지 정신을 집중시킨다. 불교에서 정신을 집중하여 명상하는 자세보다도 훨씬 더 집중하는 마음가짐을 보인다. 칼로서 자신이 잘못한 경우에는 스스로 자신의 배를 갈라버리고 또한 필요한 경우에는 남의 목을 스스럼없이 쳐버리는 용기를 불어 넣는다.

다시 말하면 '대인배 정신'을 기르는 것이다. 일본인들이 말하는 대인배는 당장 옆구리에 칼이 들어와도 당황하지 않고, 목에 칼이 겨누어져도 당당한 태도를 보인다는 것이다. 검을 차고 있는 사무라이들은 항상 남을 생각하고 큰길로 걸어다니는 당당한 인간 정신을 키워야 한다는 것이다. 그래서 그들은 참선할 때 불교의 부족한 부분을 검을 통해서 자신을 수련하고 정신을 통일시킨다.

사무라이 정신은 우리나라 삼국시대의 화랑들이 지켜야하는 상무 정신인 화랑 세속오계와 같은 비슷한 원칙을 적용하고 있다.

'대인배이기 때문에 어려도 화랑이기 때문에 전쟁에서 절대로 물러나지 않는다.'는 것이다.

화랑 중에서 김유신, 김춘추, 관창 등은 가장 모범이 되어 역사에 남았다. 이중에서 관창은 황산벌 싸움에서 백제의 장군 계백과 싸움에서 패해서 포로로 잡아서 갑옷 투구를 벗겨보니 아주 어린 소년이었다. 역사적 명장 계백은 돌려보내려 했으나 끝까지 어려도 화랑이라는 정신을 보이고서 전쟁터에서 물러나지 않고 싸우다 비장한 전사를 하였다. 신라 화랑정신은 일본 사무라이들이 가지고 있는 전형적인 정신인 것이다. 비굴하게 전쟁에서 목숨을 구걸 하는 것 보다는 당당하게 죽는 것을 영광으로 여겼다.

일본의 라스트 사무라이 즉 마지막 무사도로 유명한 사이고 다카모리 같은 인물은 일본 개화기를 대표하는 사무라이이며 사무라이 정신을 잘 보여주는 사무라이라고 할 수 있다.

사이고 다카모리는 일본의 막부가 천왕정치를 성공적으로 일으키는데 결정적인 역할을 하였기 때문에 그는 일본 사무라이를 대표하는 역사적인 인물이 된 것이다. 또한 메이지 유신을 성공시키는데 결정적인 역할을 하였다. 또한 자신이 전쟁에서 물러날 때는 깨끗하게 자살한 대표적인 사무라이 정신을 가진 인물로 역사에 기록되고 있다.

대인배와 중인배와 소인배 중에서 소인배보다는 중인배를, 중인배보다는 대인배를 희망하는 것이 사무라이 정신이다. 중인배 정신은 오로지 타인만을 위해서 희생하는 정신을 말한다. 일본인들이 희망하는 정신은 대인배 정신이다. 소인배는 자신의 이익만을 위해서 나무만 보는 정신을 말한다. 중인배 정신은 나무와 숲 중에서 숲만을 보는 정신을 말한다. 대인배 정신은 숲과 나무를 동시에 보는 정신을 말한다. 일본이 원하는 사무라이는 바로 숲과 나무를 동시에 보는 사무라이 정신을 말한다.

서양의 철학자 니체는 '그대는 그대의 적에 대해서 창피하게 생각하지 말고 자랑스럽게 여겨야 한다'고 말했다. 이 말은 사무라이들이 가지고 있는 정신을 잘 표현해주고 있다. 적과 싸울지언정 적을 원수로 생각하지 말아야 한다고 여긴다. 싸움은 인간이 단지 필요에 의해서 싸움을 할 뿐이다. 싸움이 끝이 나면 다시 훌륭한 친구로 돌아가는 정신이 바로 사무라이 정신이다. 또한 원수와 적을 가리지 않는다. 기독교에서 '원수를 사랑하라'는 말과 어느 정도 일맥상통하는 면이 있다.

여기에서 서양의 철학자 니체와 사무라이 정신에 대해서 사무라이 정신은 비록 니체의 사고에서 동질성을 찾아낼 수 있기는 하지만 니체의 깊은 사고와 사무라이 후손인 현재 일본인들이 하는 사고와 행동은 다르다고 할 수 있다.

니체의 사고는 그대 적에 대해서 창피하게 생각하는 것이 아니라 자랑스럽게 생각해야 한다는 사고에서 우리는 무엇을 생각할 수 있는가.

일본인들은 이차대전 당시 싸운 미국이나 영국의 연합 국가들에 대해서 자랑스럽게 생각하는 것이 아니라 마음속에는 복수의 칼을 갖고 있는 것이다. 만일 일본인들이 진정으로 니체의 말을 실행하는 민족이라면 위안부 문제에 대해서 진심으로 사과를 하고 동시에 야스쿠니 신사 참배를 중단하여야만 한다. 또한 이차대전 당시 피해를 입은 중국을 비롯한 관련 국가의 국민들에게 깊은 반성과 사과를 하여야만 한다.

그럼에도 불구하고 현재 일본이 행하는 행동은 과연 철학자 니체가 말하는 그 사고에 대해서 조금이라도 동의하고 있지 않다. 따라서 현재 사무라이 후손이자 이차대전을 일으킨 전범들의 후손인 일본인들은 과연 대인배 정신을 가진 민족이라고 할 수 있는가.

현재 일본인들이 하는 행동은 대인배가 아닌 자신과 일본의 이익만을 생각하는 소인배 정신을 가진 민족인 것이다. 결과적으로 볼 때 니체의 적을 자랑스럽게 생각하는 정신은 없다고 할 수 있다.

사무라이들이 강조하는 것은 초 스파르타식 훈련이다. 다시 말하면 정신을 집중하면 안 되는 일이 없다는 것을 하부구조로, 극기 훈련을 통해서 육체적 정신적으로 인간 한계를 극복하려고 노력을 한다.

사무라이들의 극기 훈련은 인간의 집중력에 초점을 맞추고 있다. 우리나라 임경업 장군이 밤에 굴 속의 막다른 길목에서 호랑이를 만났다. 장군은 단지 화살이 하나 밖에 없어서 마지막 화살을 정신을 집중해서 쏜 결과 호랑이의 심장부를 관통하였다. 그런데 다음날 다시 와서 보니 장군이 쏜 호랑이는 호랑이가 아니라 바로 호랑이 모양의 바위였다. 인간은 정신만 집중하면 모든 일도 가능하다는 것이 바로 임경업 장군과 사무라이들이 가지고 있는 무사도 정신인 것이다.

그런데 임경업 장군의 이야기는 단지 설화에 불과하다. 화살이 부러지지 않고 바위를 뚫었다는 이야기는 하나의 전해 내려오는 무용담에 불과하다. 일본의 사무라이들의 무용담에도 이러한 극기정신을 바탕으로 하여 많은 대군을 몰아내는 무용담이 있기는 하지만 어느 정도까지 믿어야 할지 의문점을 제시하고 있기는 하다.

앞에서도 이미 수차례 언급한 일본의 군국주의자이며 당시 총리로서 이차대전을 일으킨 면도칼 도죠가 바로 이러한 극기훈련을 통해서 세계 정복의 야욕을 불태우기는 하였지만 결국은 이차대전에서 패망한 일본은 사무라이 정신의 한계가 있다는 것을 증명하고 있다. 앞에서도 이야기 한 극기의 한계는 일본이 이차대전 말기에 전쟁 물자의 한계에서 일본인들이 사용한 대죽창이 미국이나 연합군들이 가지고 있는 발달된 총을 이길 수 있다는 사고가 바로 극기훈련과 정신의 한계인 것이다.

돈과 관련하여 사무라이 정신은 돈을 그렇게 중요시 여기지 않고 있다. 사무라이 정신인 무사도에서는 금전을 경시한다. 일본의 사무라이는 금전에는 무관하여야만 한다는 사고를 바탕으로 하고 있다. 사무라이들은 어떤 반대급부를 생각하고서 업무를 보는 경우나 금전에 얽매여서 행동해서는 안 된다고 생각한다.

일본 강점기에 교육을 받은 한국인들의 사고가 돈을 가까이 하는 사람은 큰일을 하지 못하며 나라를 위해서 큰일을 할 사람은 집안을 잊어버리고 바깥일에만 몰두하여야만 한다는 사고를 가지고 있다. 사실상 한국에서도 역사에 나올 만큼 큰일을 한 인물들은 대부분 금전을 등한시 하였다. 예를 들면 박태준 포항제철 회장은 금전적 이권이 개입된 포철을 세계적인 철강 회사로 만드는 과정에서 자신을 비롯하여 전 직원들의 부정을 금하도록 하였다. 사실상 돈에 눈이 어두워서 부정을 일삼는 사람치고 큰일을 한 사람은 역사상 없다. 따라서 일본 사무라이 정신을 바탕으로 일본 사회에서는 부정이 다른 국가에 비해서 적다는 것은 사실이다.

금전경시의 사무라이 정신이 현재 일본을 세계적인 경제대국으로 만드는 밑거름이 된 것은 틀림없는 사실이다.

미국은 세계 최고의 부자가 될 여건을 갖추고 있다. 미국에서 전 세계 물자의 25%가 난다. 반면 인구는 전 세계의 5%인 3억 명에 불과하다. 전 세계 인구를 60억 정도로 생각하면 평균 세계인들이 사용하는 물자보다 약 5배 정도 더 사용할 수 있다. 미국이 세계에서 제일 부자가 된 것은 어찌 보면 당연한 결과이다.

그러나 일본의 경우 천연자원을 비롯한 모든 물자가 풍요롭지 못하다. 이러한 빈곤한 상황에서 부를 이루어 낸 것은 분명한 이유가 있다. '금전에 대한 무관심'이 일본을 세계 최고의 경제대국으로 만드는 원동력이 되었다고 생각하면 아이러니하기는 하다.

금전에 너무 집착과 애착을 가지고 있으면 큰돈을 벌 수 없다. 정말 큰돈을 버는 사람은 금전에 애착을 버리고 상인정신을 길러야 한다는 것이 바로 일본인들이 가지고 있는 사무라이 정신이다.

사무라이들은 장인정신과 상인정신 모두를 바탕으로 한다. 장인정신은 상품이나 물건을 만들 때에는 남의 것이라는 생각을 버리고 자기 자신이 사용하는 물건을 만든다는 생각을 가지고서 물건을 정성에 정성을 들여서 만든다.

사무라이 정신의 상인정신은 물건을 팔 때도 항상 신뢰를 바탕으로 하는 장사를 한다. 조금이라도 고객을 위해서 생각하고 고객에게 조금이라도 더 많은 이익을 주려고 노력을 한다.

이러한 일본의 상인정신과 장인정신은 이태리 초기의 상업 도시인들이 가지고 있던 상인정신과 같은 맥락에서 이해할 수 있다. 이태리 초기의 베니스의 상인정신이 바로 사무라이들이 가지고 있던 정신인 것이다. 직접 돈을 벌기보다는 간접적인 방법을 사용한 신뢰를 바탕으로 하는 고객관계를 형성하는 상인정신과 장인정신이 바로 현재 일본이 경제대국이 된 사무라이 정신인 것이다.

가령 예를 들면 일본에서 가장 오래된 여관인 호시료칸은 718년부터 현재까지 그대로 여관을 하고 있으며 천년 이상의 역사와 전통을 자랑하고 있다. 또한 인형 로봇을 만드는 집인 타마야 쇼베이의 경우 1733년에 세운 이래 127년 이상의 9대째 전통을 가지고 있다. 금박공예업 역시 1913년부터 한곳에 모여서 그대로 100년이상 유지해 나오고 있다. 가장 놀라운 사실은 메밀국수집 오와리야의 역사이다. 1416년에 세워서 현재 546년의 역사를 가지고 있는 이 메밀국수집은 교토의 지하수와 홋가이도의 메밀을 계약 재배하여 철저한 맛의 관리하에 운영하고 있다.

이러한 점이 배울만하기는 하다. 그렇기 때문에 일본이 세계 경제대국이 되었다는 점은 인정하여야만 한다.

그런데 이러한 일본이 오랜 전통을 자랑하는 상인정신은 지배 계급이 아닌 상인들까지도 대부분 상인이라는 자부심을 가지고 있으며 그 자부심은 바로 겸손의 덕을 가장 중요시 여기고 있다.

지배 계급 사무라이들은 '무사'라는 자부심을 가지고 있다. 무사 계급이 지배 계급이라서 자부심을 가지고 있는 것이 아니다. 무사들은 소크라테스의 델포이 신전에 있는 '너 자신을 알라'는 말이 머릿속에 박혀져 있다. 바로 소크라테스와 동양의 왕양명의 지행합일(知行合一)을 너무도 잘 알고 있다. '빈 수레가 요란하며 벼는 익을수록 고개를 숙인다'라는 말을 실천에 옮기는 것이 사무라이 정신이다. 그러나 그들은 무사도 정신이 인간에게 가장 필요한 철학으로 생각하고 있다.

그리스의 철인 플라톤은 '철인(당대 지식인을 지칭)이 정치를 하여야만 한다'는 철인정치를 주장한 것과 같이 무사도 정신을 가진 사람이 바로 플라톤이 말하는 '철인'에 해당된다. 법에 의한 법치정치는 실수를 할 수 있다. 그리스의 철인 프로타고라스는 '만물의 척도는 인간이다'라는 주관주의적 사고를 바탕으로 하기 때문에 인간이 모든 인간들을 일괄적으로 적용하여야 하는 법은 잘못 적용되는 경우도 비일비재하다.

그러나 철인들이 적용하는 법은 이성을 바탕으로 하기 때문에 법 위에 있는 것이다. 사무라이 무사들이 적용하는 검은 바로 이성을 바탕으로 하여 용서를 해서는 안 되는 사람을 벨 때는 용기를 내어서 베어 버린다. 또한 자신이 죽어야 할 때는 스스로의 법에 적용하여 자신의 복부를 그어서 죽어야 한다는 논리를 사무라이들은 철저하게 적용하고 있다. 고대 그리스의 철인 소크라테스가 자신이 그리스

시민을 위해서 잘못된 법도 필요에 의해서는 스스로 적용을 받아야 한다면서 독약을 먹고 죽어간 것과 같은 맥락에서 이해할 수 있다.

사실상 사무라이 혈통과 정신을 이어받은 일본인들의 상당수가 자신의 명예를 훼손시키거나 자신의 능력의 한계를 느낄때는 바로 자살을 하는 경우가 많다. 자살하는 방식은 한국에서처럼 목에 압박붕대를 매어서 자살하는 방식이 아니라 대부분 칼로 할복자살을 한다.

일본에서 처음으로 노벨 문학상을 탄 가와바다 야스나리의 경우도 일본 사무라이 칼을 가지고 자신의 배를 그어서 자살로 인생을 마감했다. 가와바다 야스나리는 북해도 눈오는 지방을 배경으로한 설국을 써서 노벨문학상을 받았다. 그런데 작가들은 언제나 젊음이 필요하기 때문에 자신의 여비서에게 사랑을 고백하다 늙었다는 이유로 싫다고 거절을 당하자 그는 바로 자살을 한 것이다. 이것도 일본인들은 사무라이 정신이라고 보는 것이다.

그밖에 정치인을 비롯하여 상당수의 사람들이 칼로 할복자살을 하는 경우가 허다하다.

옛날에는 일본인들의 자살률이 세계에서 가장 높았으나 지금은 점차적으로 줄어드는 상황에 있다. 현실적인 관점을 떠나서 정서적인 관점에서 사무라이들을 평가해볼 필요성이 있다. 사무라이들은 딱딱한 현실적인 생활보다는 낭만을 즐기고 사랑한다. 사무라이와 기생 게이샤와의 사랑을 소재로 한 이야기가 가장 많이 일본인들 사이에 전해 내려오고 있다는 것은 바로 사무라이들이 얼마나 사랑과 낭만을 중요시 여기고 있는지를 알 수 있다.

앞에서 이미 벚꽃에 대해서 약간 언급은 하였지만 일본인 사무라이와 벚꽃과의 관계는 매우 깊은 연관이 있다. 사무라이들이 가장 사랑하는 꽃은 일본의 국화인 사쿠라(벚꽃)이다. 벚꽃은 꽃으로서의 향기와 함께 활짝 피었을 때의 아름다움은 극치를 이룬다. 꽃이 질 때의 아름다움 역시 장관이라는 것이다. 사무라이들은 벚꽃을 자신들이 가지고 있는 미적 아름다움과 가장 잘 통한다는 것이다. 사무라이 정신은 살아서 움직일 때는 활기차게 움직이고 마지막 죽을 때는 사쿠라처럼 향기를 뿌리면서 죽어야 한다는 사고를 가지고 있다. 사실상 사쿠라 꽃은 필때의 아름다움보다는 질때의 아름다움은 말로 표현하기 힘들 정도로 매력적이다. 꽃잎이 질때의 광경은 수만마리의 흰나비떼들이 하얗게 날개 짓을 하면서 포근하게 몸을 감싸주는 듯한 느낌을 느낄 수가 있다. 여기에 더해서 봄바람의 훈훈한 훈풍이 살며시 불어 될 때면 눈발이 하얗게 얼굴에 와 닿는 감마져 든다.

영국을 비롯하여 서양인들이 좋아하는 붉은 장미는 열정적이기는 하다. 대서양의 강한 바닷바람과 햇살을 받고 자라서 그런지 동양의 꽃보다는 열정적이고 이국적이고 향기롭기는 하지만 어딘지 한국의 국화인 무궁화 꽃이나 일본의 사쿠라 꽃만큼은 순수성을 잃어버린 꽃이다. 여기에 더해서 아름답고 향기롭지만, 독소를 품은 가시가 있는 꽃이다. 장미의 시인이며 장미꽃을 사랑하다 장미꽃 가시에 찔려서 죽은 마리아 릴케를 연상하는 귀족형의 자태를 가지고 있다. 무궁화는 우리민족이 가지고 있는 겉으로 아름다움보다는 내적으로 가지고 은은하게 풍기는 소박한 시골처녀의 모습에서 매력의 향취를 더하고 있다. 바로 한국인들이 가지고 있는 은둔과 끈기를 잘 보여주는 꽃이 무궁화 꽃이다.

다음으로 사무라이들의 현실세계에서 가장 중요시 여기는 검에 대해서 설명을 하면 사무라이는 두 개의 검을 차고 다닌다. 하나는 장검이고 다른 하나는 단검이다. 할복자살인 배를 갈라서 죽을 경우에는 단검을 사용한다. 약간 구부린 자세에서 배를 가르는데, 명치 바로 하단부분을 단검으로 찌른다. 그렇지 않고 똑바른 자세로 배를 가를 때에는 뒤로 나자빠져서 죽을 수 있다. 사무라이들에게는 죽을 때의 자세 역시 중요하다. 배를 잘못 갈라서 단번에 죽지 않는다거나 또는 뒤로 나자빠져서 죽는 경우에는 사무라이 정신에 어긋나는 행동인 것이다.

배를 가르는 위치가 명치 바로 아래 부분인 이유는 인간의 사단칠정이 들어있다고 생각하기 때문이다. 맹자의 측은지심 즉 인간의 선과 인을 유발시키는 곳이 바로 이 부분으로 본다. 또한 철학적인 관점에서 배의 명치 바로 하단부분이 인간의 모든 희로애락과 애오욕인 4단 7정이 들어있고, 인간의 사랑이 집중되어 있다고 본다. 의학적인 관점에서도 명치하단 부분이 급소여서 이곳을 찌르면 사람이 고통을 덜 받으면서 빨리 죽는다고 한다.

일본 사무라이들은 집보다도 칼을 더 중요시 여기고 또한 몸에서 칼을 쓰는 오른팔을 가장 중요시 여기고 있다. 만일 오른팔이 잘려버리는 경우 사무라이의 생명이 끝이 나 버리기 때문이다. 따라서 사무라이들은 잘 때는 항상 오른팔을 감추고서 밑에 두고서 비스듬히 잠을 자는 습관을 만들어 간다. 그렇다보면 자연스럽게 비스듬히 누워서 오른팔을 감추고 잠을 자게 된다. 다음으로 사무라이들에게는 칼이 집보다 훨씬 더 중요하기 때문에 칼을 잘 만드는 장인을 찾아서 전국을 헤메인다. 명검을 만드는 장인을 찾아서 장인에게 칼을 주문하면 그 칼 만드는 장인은 그날부터 온갖 정성을 다해서 칼을 만들어 낸다. 다시 말하면 보검을 만들기 위해서 온갖 정성과 기도를 하여서 칼을 만든다.

그런 다음 그 사무라이는 유명한 칼잡이가 되기 위해서 최선의 노력을 한다. 일본 역사에 칼을 잘 쓰는 무술인들이 일본 사무라이 역사에 나올 정도로 칼 쓰는 기술은 사무라이들에게는 매우 중요한 실력 중의 하나이다. 앞에서도 언급한 것처럼 사무라이들은 칼을 함부로 빼지 않는다. 가능하면 참고서 칼을 사용하지 않지만 정 칼을 뺀 경우에는 썩은 나무라도 베어버리는 검법을 지켜나간다. 또한 사무라이들이 결투를 하는 경우 절대로 비굴한 결투는 하지 않는다. 그 결과 만일 한쪽에서 져서 항복을 하는 경우 항복한 자를 죽이지 않고 살려보내며 진쪽에서는 칼을 던지고 바로 무릎을 꿇는다. 이것이 바로 사무라이세계의 칼을 쓰는 검법인 것이다. 사무라이들의 칼쓰는 법 역시 대인배 정신을 바탕으로 하고 있다.

3 사무라이 사상을 형성하는 요소들

일본인들이 자랑하는 사무라이 사상은 어떻게 만들어졌는가. 미국의 프런티어가 미국인들이 개척기를 통해서 만들어진 그들만의 사상인 것처럼 일본의 사무라이 정신 역시 일본이 춘추전국 시대를 거치고 히데요시를 지나 막부와 평화시대를 거치면서 만들어낸 그들만의 정신이다. 따라서 미국의 프런티어는 유럽인들이 생각하는 프런티어와는 다른 사고를 가지고 있다. 마찬가지로 사무라이 정신은 중국인들이 생각하는 소림사에서 무술을 배워서 중국천하를 누비는 무사들의 정신과는 완전히 다르다.

사무라이는 칼을 차고 다니는 검객이다. 그들은 큰 칼과 작은 칼을 가지고 다니지만, 힘으로 칼을 휘두르는 칼잡이가 아니다. 그들이 휘두르는 칼에는 인간이 지켜야 할 심오한 사상이 깃들어져 있다. 그들은 검에다 그들의 사상을 부여하고 있다. 그 검은 스스로 할복을 할 때 또는 남을 베어서 죽여야 할 때 사용된다.

사무라이 정신을 형성하는 사상은 외부와 내부의 여러 가지 사상이 합쳐져 만들어진 결과물이다. 따라서 사무라이 정신의 토대를 이루고 있는 사상은 동양의 유교문화에서 유래한 동양의 유교사상과는 다르다. 그래서 삼국시대 신라의 화랑도 정신이나 중국인들의 쿵푸 정신과도 다르다. 일본이 최초로 서양에서 전수 받은 네덜란드나 포르투갈의 정신과는 합리적인 사고를 한다는 공통점이 있기는 하지만 다른 모양을 하고 있다.

사무라이 정신에 대한 사상은 일본 민족이 가지고 있던 고유 토착신앙 사상을 바탕으로 중국으로부터 들어온 불교, 이웃나라 삼국시대 신라에서 청소년의 기강확립을 위해서 사용한 상무정신인 화랑들의 세속오계 등이 복합되어 있다. 이러한 사상들은 춘추전국시대를 거쳐 일본 지배 계급의 의식을 형성되어갔다.

일본이 춘추전국 시대를 거친 후, 평화롭던 막부정치 시대 260년간에는 지배 계급인 무사계급과 피지배 계급인 농공상 계급이 모두 강하게 사무라이 정신의 영향을 받았다. 결국 일본 국민 전체가 사무라이 정신을 하부구조로 하여 상부구조인 정치와 경제, 사회, 문화까지 영향을 끼치게 되었다.

지구의 지각변동이 일어나기 전에는 아시아인 한국과 중국 및 동남아 지역이 붙어있었는데, 당시 일본으로 건너가 집단을 이루어 산 사람들이 현재 일본인들의 시조가 되었다. 일본인들이 어디에서 이동하였는지는 정확한 역사적인 입증이 없기는 하다. 그러나 기원전 7000~8000년 전인 구석기 시대부터 일본인들이 일본 섬에 거주한 사실은 고대유물들을 통해서 입증되고 있다.

일본은 섬이기 때문에 자국의 고유문화를 내부에서 형성하기는 하였지만 이웃나라인 한국과 중국의 영향을 절대적으로 받았다.

일본에 불교가 백제로부터 전파되었다는 설이 가장 유력하다. 백제 성왕시절, 일본에 불교를 전파하기 위해서 사신들을 보내 처음으로 불교가 일본에 소개되었다. 역사적으로 538년이며, 당시 백제는 삼국 중에서 가장 위기에 몰려있었다. 고구려의 광개토왕과 장수왕 이래 고구려는 엄청난 국력을 과시하기 위해서 남진정책을 추진하여 백제의 개로왕을 죽이고, 한강변방의 땅을 백제로부터 빼앗았다. 신라 역시 국력이 점차적으로 강화되고 있었다.

신라는 진흥왕이 나타나면서 청소년 교육인 화랑도를 창설하고 백제와 연합하여 고구려 영토인 한강지역을 고구려로부터 빼앗고 얼마후 백제와의 연합전선을 깨고 백제를 쳐서 한강지역을 신라의 영토로 만들면서 삼국 중에서 강국으로 자리를 잡기 시작하였다. 또한 전왕인 23대 법흥왕이 불교를 받아들여 국교로 인정한 것을 더욱더 불교진흥에 힘을 쓰기 시작하였다. 황룡사를 건립하여 불교진흥을 추구해 나가면서 동시에 대가야국까지 쳐서 가야국을 신라의 영토로 만들어 나갔다.

따라서 이 시기에 삼국중에서 가장 위기에 몰린 나라는 백제였으며 백제는 드디어 국력 회복을 위해서 이웃나라인 일본과의 적극적인 교류가 필요하였다.

백제가 일본에 교류를 맺기 위해서는 일본에 문화적인 교류가 우선적으로 필요하였으며 그 결과 백제는 일본에 불교를 전파하게 되었다.

백제로부터 불교를 전수받은 일본의 불교에 대한 반응은 두 가지로 나타났다. 당시 일본정부는 친불파와 배불파로 나뉘었다. 배불파는 일본 고유의 국신과의 관계 때문에 이신인 불교를 반대하였다. 그러나 백제뿐만 아니라 신라에서의 적극적인 전도가 있었기 때문에 일본에 불교가 자리를 잡아 나가기 시작하였다.

일본이 불교국이라고 대부분 믿고 있지만 사실 일본인들은 고유 신앙신인 국신을 더욱 중요하게 여긴다. 세계 최강의 경제대국 일본인들은 아직도 고유 토속신앙신이 자신의 운명과 직결되어져 있고, 그들을 화나게 하지 말아야 모든 일이 잘 풀린다고 여긴다. 따라서 일본인들이 정신적 뿌리를 내리고 있는 사무라이 정신 역시 토속신앙인 국신에 크게 의존하고 있다.

이러한 현상은 섬나라 일본인들만 가지고 있는 사고인데, 이는 일본의 토속신이 자신들 편에 서서 자국을 구해줄 것이라는 강력한 신념 때문이었다.

일본의 국신은 과거 수천 년 동안 일본인들을 구해 주었으며 앞으로도 계속해서 일본을 구할 것이라는 생각은 신념을 넘어 사상으로까지 발전하였다. 다시 말하면 그들은 '승리의 신은 사무라이들을 영원히 지킨다'는 사고를 가지고 있다.

섬나라 일본이 토속신에게 현재까지도 크게 의존하는 이유는 무엇일까? 동양사에서 중국은 주변의 국가들을 정복해 속국으로 만들어 중국천자와의 관계에서 하나의 지방군주 정도로 상하관계를 맺어 놓았다. 중국은 현재까지도 아시아의 중국 주변국가들의 역사를 중국 역사의 한 부분으로 생각하고 있다.

한 예로 동북공정을 들 수 있다. 동북공정은 중국 국경 안에서 전개된 모든 역사를 중국 역사로 만들기 위해 2002년부터 중국이 추진한 동북쪽 변경지역의 역사와 현상에 관한 연구 프로젝트인데, 여기에는 한국의 고구려를 중국의 한 지방자치 단체로 편입시키려는 것도 포함되어 있다. '중국 이외의 나라는 지구상에 존재하지 않는다'는 중화사상에 걸려들지 않은 주변 국가들은 일본을 제외하고는 한 나라도 없었다.

만만치 않은 일본은 '역사상 최강국인 중국과의 싸움에서 절대로 패해본 적이 없다'는 사고를 가지고 있었다. 사실 중국은 왕조가 바뀔 때마다 일본 정벌에 나섰지만, 해류와 해풍으로 인해 배가 난파당하여 번번이 실패하였다. 아시아의 역사를 통해서 패권국 중국에 침공을 당하지 않은 나라는 일본뿐이다. 일본은 '중국이 아무리 강한 군대로 자국을 침공하더라도 신이 일본을 도와서 격퇴시킨다는 사고'를 가지고 있는데, 우연의 일치처럼 실제 침공당하지 않았다.

서구 문명의 발상지는 그리스다. 서양인들은 자신들이 그리스 문명의 후손이라는 것을 자랑스럽게 생각한다. 늑대 젖을 먹고 자란 로마 건국자인 로물루스 형제, 형이 동생을 찔러 죽이고 로마를 건국하였다는 신화는 로마가 침략과 정복의 사상을 바탕으로 한다는 것을 의미한다. 강인한 정신력을 바탕으로 한 로마 역시 그리스 문명을 등에 업고서 출발하였다는 것을 자랑스럽게 생각한다.

일본과 그리스는 비슷한 맥락에서 이해해야 한다. 일본과 그리스는 강한 바닷바람과 강한 바다 햇살을 바탕으로 하고 있기 때문이다. 그리스인들이 초기에 가장 두려워한 것은 바로 자연신이다. 그중에서 가장 두려운 신은 해신이었다. 지중해의 강한 바닷바람에 살아남기 위해서 그리스인들이 가장 숭배한 신은 바로 바다의 신인 해신이었다. 그리스에 관한 소설이나 시를 비롯한 이야기는 대부분 해신에 대한 이야기들이다. 소설《율리시즈》도 결국 바다신의 말에 거역하여 인간이 겪게 되는 고역과 불행에 대한 이야기를 담고 있다.

서양 철학의 시조는 탈레스이다. 탈레스 철학은 '만물의 근원은 물이다'라는 사고에서 시작된다. 그 후 '만물의 근원은 불이다'라는 철학적 사고가 나타나기는 했지만, 탈레스의 물에 대한 사고는 불변의 진리로 수백 년 동안 그리스사회를 지배해 나갔다. '만물의 근원은 물이다'라는 서양인들의 사고는 인간에게 자연은 의존해야 되는 대상인 동시에 극복해야 할 장애물이었기 때문이다.

인간은 초기에 자연재해를 극복할 만한 기술력이 없었으므로 의존하여 자연의 순리에 따르지 않으면 안 되었다. 그래서 모든 철학의 기원은 바로 자연중심의 사고에서 출발하였다. 인간은 불완전한 존재였으므로, 이를 극복해 나가기 위해 인간보다 완전한 신을 끌어 들였다. 신에 의존함으로 인해서 자신의 불완전성을 극복할 수 있다고 생각한 것이다. 한걸음 더 나아가 그리스 자연주의 시대에는 인간을 신의 아들로 생각했다. 점차 인간과 신이 같은 차원에서 이해되었다. 인간의 아들이란 바로 신의 분신이기 때문이다. 그리스 시대를 거쳐서 중세 사회에서는 인간이 신의 종으로 하락해 버렸다. 신의 종이란 인간이 신과는 다른 신분으로서 지위가 낮아진 것이다.

일본의 경우는 불교보다 토속신을 믿었는데, 주목할 만한 사실은 일본 천왕을 신격화시켰다는 것이다. 지배 계급인 무사계급은 자신들의 주인인 왕을 신격화시킴으로 인해서 자신의 부족한 부분을 충족시킬 수 있는 구심점을 만들어 나갔다. 신과 같은 천왕에게 충성을 다하면 결국 천왕이 어려운 문제를 해결해준다는 의미이다. 천왕은 군웅시대의 군주이다. 군주에게 충성을 다해야 지배 계급을 비롯하여 모든 백성들이 왕을 중심으로 뭉쳐서 어려운 난관을 극복해 나갈 수 있다는 것이다.

일본의 천왕은 중국의 천자보다는 비교적 독재적이지 않았고, 합리적인 차원에서 통치를 하려고 애썼으며 절대 권력은 사용하지 않았다. 이 점에서 일본의 천왕은 유럽 국가들의 왕권제도에 비유할 수 있으나 유럽 국가들보다는 신성시하고 신격화되어져 있다. 일본이 신을 중요시 여기고 강하게 의존하는 것은 섬나라의 악조건을 극복하고, 자신들의 불안전성을 극복하기 위함이다.

일본의 사무라이는 막부정치시대가 열리고 평화시대가 계속되면서 지배 계급의 기강확립을 위해 중국의 유교사상을 도입하였다. 그러나 일본은 유교국가 아니기 때문에 사무라이 정신은 유교정신과는 완전히 다른 정신이며 공맹사상과도 다른 사고를 바탕으로 하고 있다. 유교사상은 일본을 지배하지 못했다.

가령 맹자는 인간의 본성을 성선설에 두고 있다. 맹자는 인간은 누구나 태어나면서 본능적으로 누가 가르쳐주지 않아도 측은지심(惻隱之心)의 마음을 가지고 있다고 했다. 이것의 예로 어린 아이들이 여럿이 모여서 놀다가 한 아이가 물이 가득 채워진 독에 빠져 허우적거리면 다른 아이들이 본능적으로 돌로 독을 깨서 물에 빠진 아이를 구한 이야기를 든다.

맹자는 천자가 잘못한 경우에는 강력하게 혁명을 일으켜야 한다고 주장했다. 그러나 사무라이는 천왕에 대한 혁명론은 주장하지 않고 있다. 천왕은 군주이기 때문에 신격화되어 있기 때문이다. 또한 왕에 대한 혁명은 불가능하다고 여긴다. 이 점은 동양의 맹자사상과는 차이가 있다.

일본의 사무라이 정신은 합리주의 사상을 바탕으로 하고 있다. 사회의 기준에 맞추어 스스로 정의의 기준을 정한 뒤, 필요하면 할복까지 하는 합리적 사고를 바탕으로 한다. 사무라이들은 검을 사회 정의라는 척도에 맞추려고 노력한다. 플라톤의 합리주의적 사고를 나타내는 '동굴론'을 일본의 사무라이 정신에 적용해보자. 플라톤은 동굴론에서 동굴 안의 세상과 동굴 밖의 세상으로 분류하고 있다. 동굴 안 세상은 현실세계이고, 동굴 밖 세상은 이상주의 세계인 이데아이다.

동굴 속 세상은 고통 속에 사는 인간의 현실세계이기 때문에 사무라이 정신을 가진 지배자들은 우선 자신이 스스로 동굴 밖으로 나오려고 노력하여 동굴 밖 세상으로 도망쳐 나와야만 한다. 그리고 동굴 밖 세상으로 나온 사무라이는 동굴 속으로 위험을 무릎 쓰고 다시 들어가서 힘든 생활을 하고 있는 백성들을 이끌고 동굴 밖 세상으로 끌고 나와야만 한다. 이것이 플라톤이 말하는 이상주의적사고이며 합리적 사고이다.

사무라이 정신은 바로 이러한 지배자 정신을 바탕으로 하고 있기 때문에 피지배 계급인 농공상 계급과 일치할 수 있었으며 그들로부터 존경을 받아왔다. 일본이 동양 삼국 중에서 가장 합리적인 사고를 가진 국가로 서양사회에서 인정을 받는 이유가 바로 이러한 사고를 바탕으로 하기 때문이다.

일본의 합리주의가 서양의 합리주의로부터 근원을 이루고 있다는 사고는 어디에서 나왔는가. 19세기 중반에 시작된 서세동점(西勢東漸, 서양 세력을 차차 동쪽으로 옮김)의 사상이 들어오기 이전에, 일본에는 이미 17세기에 포르투갈과 스페인 및 네덜란드의 기독교인 및 학자들의 왕래가 있었다. 덕분에 서양인들의 합리적 사고는 사무라이 사상에 크게 영향을 끼쳤다.

중국의 경우도 이미 서양 국가들의 종교인과 상인 및 학자들이 드나들기는 하였다. 그러나 중국은 이미 오랜 역사와 전통을 가진 보수주의적 사고를 가진 국가이기 때문에 서양의 합리주의 사고가 파고들지 못했다.

앞에서도 이미 언급한 것처럼 현재 세계에서 가장 자살률이 높은 나라들 중에서 일본 역시 자살률이 가장 높은 국가에 속한다. 일본이 세계에서 가장 자살률이 높은 이유는 불완전한 인간을 완전한 초인의 경지로 들어가도록 최선을 다하는 것을 말한다. 이 과정에서 일본인들이 자신들의 한계를 느끼는 경우에는 그들이 가차 없이 자신의 생을 포기해 버리는 극단적인 행동을 한다.

사무라이 정신은 불교의 참선인 선으로부터도 영향을 받았다. 불교의 정신과 일치하는 것은 아니지만, 사무라이 정신은 불교정신의 부족한 부분을 메운다. 불교의식에 따라 행사를 진행하고, 사람이 죽으면 화장을 하여 납골당을 만드는 것도 불교의 전통문화에서 유래된 것이다. 동양 삼국 중에서 가장 많이 받아들였지만, 동시에 자신이 완전히 불교신자라고 느끼는 사람은 많지 않다.

불교는 조용하게 참선하여 스스로 깨달아 부처가 되는 것이다. 사무라이 정신은 검을 통해 인생을 터득하고 검에 정신을 집중하여 깨달음을 얻는 것이다. 깨달음을 얻으면 결국 부처가 말하는 무아경지에 도달하는 것이다. 불교와의 차이점은 무아지경에 이르는 방법이 불교에서는 참선이고, 사무라이 정신에서는 검이라는 점이다.

일본의 사무라이 정신은 서양의 민주주의적 사고인 계약론을 대표하는 토마스 홉스와 존 로크와 장 자크 루소 중 어떤 사상과 가장 가깝다고 볼 수 있는가. 서양의 계약론적 사고를 바탕으로 보면 사무라이 정신은 토마스 홉스의 계약론에 가장 가깝다. 토마스 홉스는 군주가 백성들과의 계약을 불이행하는 경우, 국민들이 군주에게 주었던 권리를 다시 찾기 위해서 혁명을 할 권리를 갖고 있다는 문제에 대해서는 침묵하고 있다. 반면 존 로크는 백성들은 자신들이 이양했던 권한을 군주로부터 다시 돌려받기 위해서 강력한 혁명론을 주장하고 있다.

프랑스혁명에 결정적인 영향을 준 장 자크 루소의 '계약론'은 국민과 정부가 계약을 맺는 것이 아니라, 국민 각자가 계약을 맺어서 그 계약을 유지하기 위해서 국민들의 대표자를 뽑는 행위에 불과하다는 논리를 전개하고 있다.

사무라이 사상이 홉스의 사상에 가깝다는 것은 홉스는 왕에 대한 혁명론에 대해서 언급을 회피하고 있는 것이다. 사무라이 사상 역시 왕의 잘못에 대해서 권고는 할 수 있지만 혁명론에 대해서 만큼은 주군과의 관계 때문에 어떻게 해야만 한다는 결론을 내리지 못하고 어물쩡하게 넘어가고 있다. 이점이 바로 토마스 홉스의 사상과 같은 맥락에서 이해할 수 있다.

사무라이 정신은 '지행합일'의 사상을 바탕으로 하고 있다. 지향합일이란 자신이 가진 지식과 행동을 일치시킨다는 것을 의미한다. 다시 말하면 철학적 관점에서 두 가지로 나눌 수 있다.

철학자-자신이 가지고 있는 지식을 다른 사람에게 단순히 전하는 사람
철인-자신이 가지고 있는 지식을 몸소 행하는 사람

동양에서 양명학을 창시한 왕양명의 사상은 '지행합일설'을 바탕으로 하고 있다. 알고 있는 지식을 반드시 실천에 옮겨야 된다는 논리다.

사무라이 정신은 '자신이 가진 지식과 행동을 일치시켜 나가는 지행합일'을 바탕으로 하고 있다. 자신의 생각과 행동이 다른 경우 인간은 위선자가 되고 진실성이 없는 사람으로 변한다고 생각한다. 이러한 관점에서 볼 때 사무라이들은 철학자가 아닌 철인이 되고 싶어 했다. 또한 사무라이 정신에서 가장 중요한 요소는 바로 '겸손의 미덕'이다.

현재 일본인들이 가장 중요시 여기는 것은 첫째도 겸손이고 둘째도 겸손이고 모든 것이 겸손에서 시작해서 겸손으로 끝을 맺는다. 일본인들은 인사성이 매우 밝다. 일본인들의 인사는 완전히 90도 각도의 절을 하고 있다. 그리고 항상 예 잘 알았습니다. 라는 겸손의 말을 한다. 여기에다 예의는 너무 바르다. 일본인들이 타는 전철역을 보면 그들은 핸드폰을 전철에서는 사용하지 않지만 부득히 사용하는 경우 모두가 손을 입에 대고서 절대로 옆에 사람이 알아듣지 못하도록

소리를 아주 낮추어서 전화를 받는다.

이러한 일본인들의 겸손의 미덕은 우리가 배울만하다. 한국인이나 미국인들은 전철에서 소리를 크게 내어서 옆에 사람이 얼굴을 찡그리게 만들고 만일 옆에 사람이 경고의 눈치를 주어도 아랑곳하지 않는 떠들어 대는 것이 바로 미국인이나 한국인들의 태도인 것이다.

88올림픽 대회때 미국인들이 입장하는 장면을 보고서 한국인들은 미국인들에 대한 반미감정이 극도에 달하게 되었다. 당시 미국인들은 줄을 제대로 맞추지 않고서 손을 흔들면서 입에는 껌을 씹으면서 입장을 해서 패권국 미국인들이 겸손함이 없는 오만함을 보여서 전 세계인들의 눈살을 찌푸리게 하였다. 그러나 사실은 미국인들은 개인주의적 성향이 강하기 때문에 줄을 제대로 맞추지를 못하는 것과 동시에 남을 전혀 생각하지 못하는 사고가 습관화되었기 때문이다.

그러나 일본은 정 반대이다. 일본인들이 식사 시 가장 많이 사용하는 것이 젓가락이다. 젓가락은 대부분 일회용 나무젓가락을 사용하며 만일 젓가락이 모자라는 경우 자신의 먹던 젓가락을 거꾸로 돌려서 먹는 것이 일본인들의 습성이다. 일회용 나무젓가락을 사용하는 원인은 위생상의 문제도 있지만 남을 배려하는 차원에서의 의미가 있는 것이다.

일본인들의 주식 역시 쌀로 지은 밥을 먹는다. 그런데 한국과는 달리 밥을 공기밥을 먹는다. 작은 공기 사발에 필요한 만큼의 밥을 떠서 먹는다. 그리고 절대로 자신이 먹던 밥을 남기지 않는다. 전통 한국의 밥그릇과 비교하면 작으면서 필요한 만큼의 밥을 각자 떠서 먹는 것이 한국과 다르다. 반면 한국의 전통 밥그릇은 크기도 하지만 밥을 무조건 양을 많이 담으면 담을수록 예의가 바르고 상대방을 존경하는 의미를 포함하고 있다. 밥을 푸는 사람은 상대가 가능하면 많은 양의 밥을 먹으면 먹을수록 기분이 좋은 것이다 .따라서 밥그릇은 위로 산더미처럼 수북하게 올라가면 갈수록 좋은 것이다. 밥을 먹는 사람 쪽에서는 떠놓은 밥을 다 먹지 않고 약간 남기는 것도 하나의 상식이자 예의인 것처럼 하는 것도 한국 전통 밥 먹는 양식인 것이다. 따라서 대부분 사람들은 약 3분의 2만 먹고 나머지는 남긴다. 결국 그 나머지 밥은 다른 사람들이 서로 서로 나누어 먹게 되는 것이다. 따라서 일본의 음식 먹는 전통방법이 한국보다 더 위생적이라고 할 수 있다. 위생적이기도 하지만 남을 배려하는 차원에서 만들어진 방법이라고 할 수 있다.

일본인들이 사용하는 방은 짚으로 만든 다다미방으로 전통 한국의 온돌방과는 다르다. 짚으로 만든 다다미방에서 생활하는 이유는 일본은 섬나라이자 습기가 많은 나라이기 때문에 짚이 습기를 빨아드리고 조절하는 역할을 하기 때문에 다다미를 사용하고 있다. 그러나 다다미는 사람이 발을 들고 걸어가면 소리가 적게 나기 때문에 다른 사람이 방에 들어와도 소리가 나지 않는다. 따라서 전통 일본 다다미방이 짚으로 만든 근본 목적은 바로 남을 배려하는데 있는 것이다.

제 3장

일본인의 의식구조

1 의(義)의 정신

현재 일본인 모두가 사무라이 정신이 그들의 가슴속에 자리를 잡고 있다. 그들은 사무라이의 후손임을 자랑스럽게 생각하고 선조들로부터 물러 받은 사무라이 정신을 후손들에게 자손 대대로 영원히 물려주려고 한다.

그러면 일본인들이 자랑스러워하는 사무라이 정신은 무엇이며 현재 그들은 사무라이 정신을 어떻게 활용하고 있는가.

우선 의(義)의 정신이다. 의의 정신은 사무라이 정신 중에서 가장 중요한 정신적 요소인 것이다.

의는 동양의 유교문화권 사회에서 가장 중요시 여기는 사고이다.

또한 서양의 기사도 정신에서 가장 중요시 여기는 정신이다. 사무라이 정신 중에서 의를 대표하는 말은 죽어야 할 때 죽고 베어야 할 때 베는 정신을 의미한다. 사무라이 정신은 죽어야 할 때 죽는다. 라는 말은 사무라이들이 가장 중요시 여기는 명예를 손상시켰을 경우 자신은 스스로 자신의 칼로 배를 갈라서 죽는 할복자살을 아무런 두려움 없이 행하는 정신을 의미한다.

또한 자신의 주군을 헤치는 행동을 한 사람에게는 끝까지 복수를 하는 행동도 의에 해당하는 사무라이 정신이다. 복수를 해야 할 때와 용서를 해야 할 때에 대해서도 의를 기준으로 하고 있다. 달면 먹고 쓰면 뱉어 버리는 행동을 사무라이 정신 중에서 가장 비겁한 행동으로 생각하고 있다.

사무라이 정신이 동양의 유교사상인 충, 효, 신, 용, 인의 사상을 후기에 접목시켜 더욱더 사무라이 정신이 지배계층인 무사계급을 통해서 일본인들의 사상에 직접적인 영향을 주었다.

의를 중시하는 사무라이 정신이 일본의 춘추전국 시대의 무사계급에게 가장 필요한 정신은 배신하지 않고 함께하는 정신이다. 이러한 정신은 중국의 삼국시대에 영웅들의 의의 사고와 같은 맥락에서 이해할 수 있다. 또한 미국인들이 개척기를 통해서 형성된 프런티어 정신의 가장 중요한 요소로서 의를 중시하고 있다.

미국인들은 지금도 전쟁에서 포로가 된 미국인 한 사람의 구출이 적병 수천 명의 목숨보다 더욱더 중시하여 포로에서 석방된 사람을 영웅으로 대접한다. 또한 포로 한명의 목숨을 구하기 위해서 수천 명의 특공대가 작전을 개시하여 구출하는 작전을 한다.

영화 라이언 일병 구하기에서 병사 한명을 구하기 위해서 미국의 참모총장이 직접 구출작전 명령을 내리는 일은 바로 미국인들도 의리를 중요시 하고 있다는 것을 의미한다. 더욱이 미국인들은 개척기에 인디언들과 전투에서 부상을 당해서 도저히 같이 갈수 없을 정도로 움직이지 못하는 자신의 동료 병사를 끝까지 끌고서 같이 간다. 이것은 인간사회는 동서양을 막론하고 사회가 잘 되려면 의를 바탕으로 한 사회의 구성의 필요성을 잘 보여주고 있다.

일본 사무라이들에게 영향을 준 중국 삼국시대의 영웅호걸들이 보여준 의리를 한번 생각해 볼 수 있다.

중국의 삼국시대에 의를 중요시 여긴 사건은 "도원의 결의"를 통해서 유비 현덕과 관운장과 장비가 의형제를 맺었다. 이들은 복숭아나무 아래에서 결의형제를 맺은 후 끝까지 형제의 의를 저버리지 않았다. 특히 관운장의 의리는 높이 사서 현재 한국에서도 동묘에 관운장을 모시는 사당을 세울 정도로 관운장의 인격을 높이 찬양하였다. 그리고 더욱더 전 중국인들을 비롯하여 동양인들이 그의 의를 존경하는 영웅은 제갈공명이다.

공명은 뛰어난 인품과 총명성을 바탕으로 당시 조조를 비롯하여 모든 군주들이 그를 탐내었다. 약소국 왕인 유비 현덕으로부터 삼고초려를 받아들여서 끝까지 공명은 의를 바탕으로 촉나라를 도왔다. 특히 "천하삼분지계"의 전략으로 촉나라를 삼국중의 하나의 나라로 만드는데 결정적인 역할을 하였다. 공명은 끝까지 신의와 의를 저버리지 않고서 자신이 처음부터 선택한 촉나라를 위해서 죽을 때까지 일을 하였다.

사무라이 정신은 바로 이러한 의를 바탕으로 하고 있다. 또한 의와 함께 용기를 가지는 정신을 필요로 하였다. 사무라이 정신은 어릴 때부터 사무라이라는 자부심을 갖도록 함과 동시에 용맹성을 보여야만 하였다. 따라서 그들이 비록 어릴지라도 사무라이 정신을 소유하도록 만들어 놓았다.

적과의 전쟁에서도 당당하게 도전하도록 하고 있다. 이것은 앞에서 이미 언급한 서양 철학자 니체가 말하는 그대는 그대의 적을 자랑스럽게 여겨라 라고 한말과 같은 맥락에서 이해할 수 있다. 사무라이는 자신이 적과의 싸움에서 비굴하게 적을 공격하거나 적과의 싸움에서 물러나서 도망하지 않는 상무정신을 길렀다.

사무라이 정신은 삼국시대의 화랑들의 상무정신을 모방하였다는 말이 있을 정도로 화랑세속 오계와 유사한 점을 찾을 수가 있다.

특히 임전무퇴와 살생유택은 무사도 정신에서 중요한 정신으로 여겼다. 임전무퇴는 전쟁에 나가서는 결코 물러서서는 안 되며 정의롭게 죽음을 맞아야 한다. 비록 어떠한 환경에 처해 있더라도 비굴하게 목숨을 구걸해서는 안 된다는 정신이다.

살생유택 역시 중요하게 생각하였다. 아무리 작은 미물이라도 생명을 중요시 여겨서 함부로 죽여서는 안 된다. 무사들이 칼을 함부로 뽑아서는 안 된다는 것을 의미한다. 이러한 사무라이 정신을 습득하기 위해서 무사들은 엄청나게 혹독한 훈련을 하고 수련을 한다. 일본의 사무라이들의 훈련은 고대 그리스 시대의 아테네의 적국이자 육군국인 스파르타가 행하던 고행보다 훨씬 더 혹독한 초 스파르타식 훈련을 수행하였다.

2 덕(德)의 정신

다음으로 사무라이가 추구한 정신은 덕(德)이다. 고대 그리스 시대의 플라톤은 그의 불후의 명저인 공화국 즉 국가론에서 덕이 곧 지식이다. 라고 말하고 있다. 덕을 바탕으로 하는 지배 계급의 정신을 수양하도록 하였다. 플라톤이 말하는 덕은 지혜와 용기와 절제와 정의를 의미한다. 사무라이 정신 역시 덕을 중시하며 그들이 중요시 한 것은 인, 의, 예, 지, 신을 바탕으로 하였다.

인은 어질다는 의미로서 맹자는 어질지 못한 사람은 천하를 얻을 수 없다. 또한 인은 곧 사람이다. 라고 맹자는 말하고 있다. 예는 예의를 의미하며 예의를 지킬 수 있는 정신의 필요성을 바탕으로 하고 있다. 동양사회에서 요구하는 정신과 서양사회에서 요구하는 정신은 거의 공통점을 찾을 수 있다.

19세기 후반까지 동북아에서 뿐만 아니라 세계적으로 존재가 미미했던 일본이 1867년의 메이지 유신을 거치면서 불과 30년 만에 동양의 최강국 청국과 유럽의 최강국 러시아를 누르고 당시 형식상의 세계 최강국 영국과 실질상의 패권국인 미국과 함께 세계 5개 열 강국 대열에 올라서게 된 원인은 무엇인가.

일본이 국내적으로 뿐만 아니라 유럽의 국가들이 개척하려 들어갔다가 포기해 버린 지역에 일본이 파고 들어가서 세계인들로부터 성공비결에 대한 연구의 대상이 되었다. 일본의 성공비결은 여러 가지 시각에서 논의되고 있기는 하지만 결국 현재의 일본으로 만들어낸 것은 사무라이 정신으로 귀착시킬 수 있다.

사무라이 정신은 미국의 프런티어 정신과 같이 일본인들이 가장 자랑하는 정신인 것이다. 사무라이 정신은 미국의 프런티어 정신과 함께 일본이 세계 최강국으로 성공하도록 만들어낸 일본만이 만들어낸 정신인 것이다. 사무라이는 앞에서 언급한 것처럼 미국의 프런티어 정신이 미국이 개척기를 통해서 미국인들만이 만들어낸 유일한 정신과 같이 일본인들이 춘추전국시대를 거치고 막부시대를 거치면서 무사계급이 지배하면서 형성된 정신인 것이다.

사무라이는 한마디로 요약하면 무사정신인 것이다. 이것은 서양의 장원제도시절에 봉건영주와 기사 간에 체결된 계약과는 다른 것이다. 서양의 기사 제는 영주와 기사 간에 물질적인 차원에서 기사는 영주로부터 물질적인 이득을 얻는 반대급부로 기사는 영주의 신변을 칼로서 보호하는 제도를 말한다.

그러나 일본의 사무라이는 군웅할거 시대에 군주와 무사간의 물질적인 계약을 넘어서 정신적인 차원에서의 계약을 의미한다. 사무라이 즉 무사계급은 일본사회에서 중국과 한국의 유교사상을 바탕으로 하는 사농공상의 계급 중에서 가장 높은 신분이자 지배 계급인 사에 해당된다.

한국이나 중국에서는 전통유교사상을 바탕으로 하는 사회이기 때문에 공부하는 학자가 사회적으로 가장 높은 신분이자 지배계층으로 구성되어져 있었다. 그러나 일본의 사는 공부하는 학자가 아닌 검을 휘두르는 무사계급의 사를 의미한다.

한국과 중국의 사회에서도 지배 계급 중에서도 무관 출신이라 고하여 무사계급이 있기는 하였다. 이들은 일본의 사무라이 계급과 같은 칼을 휘두르기 보다는 문신들과 같은 부류로서 단지 업무의 역할 분담이 다르다는 것이지 근본적으로는 학자로 분류할 수 있다. 따라서 한국이나 중국의 무신과 일본의 사무라이는 근본적으로 다른 차원에서 이해가 필요하다.

3 선비정신과 국수주의 정신의 공통점과 차이점

일본의 사무라이의 사와 한국과 중국의 선비사의 공통점은 국민들을 다스리는 지배 계급이라는 점이다.

한국과 중국은 양반계급인 선비계급과 그다음 계급인 농민계급과 공업인 및 최하위 계급은 상인으로 구성되어져 있다. 다시 말하면 한국의 조선시대의 유교문화를 바탕으로 하는 계층 간의 구성이나 중국 근세시대의 국가 계급의 구성은 선비인 학자를 정점으로 농민과 공업과 상업에 종사하는 사람들로 계급을 형성하고 있었다.

근대 일본사회와 한국 및 중국의 지배계층간의 공통점은 선비와 무사계급에 대해서 농공상의 3계급이 피지배 계급이라는 점이다. 피지배 계급은 일본이나 한국 및 중국사회에서 똑같이 3개의 계급들로 구성되어져 있었다. 따라서 지배 계급과 피지배 계급간에는 분명히 서로의 이익을 위해서 갈등이 존재하게 마련이다. 피지배 계급은 지배 계급에 대한 질시를 비롯하여 수단과 방법을 가리지 않고 달려들어서 지배 계급의 잘못을 파헤치고 나쁜 점은 폭로 하려고 한다.

서구사회를 비롯하여 인간의 역사는 지배자와 피지배자간의 갈등과 마찰의 연속이라고 규정할 수 있다. 지배 계급은 피지배 계급을 보다 강하게 억압하려고 하고 동시에 피지배 계급은 지배 계급에게 수탈을 방지하기 위해서 강한 결속력을 바탕으로 투쟁을 계속하여 왔으며 이것을 인간의 역사라고 규정할 수 있다.

한국의 지배 계급인 양반계급은 피지배 계급인 서민들로부터 많은 조롱과 풍자를 당해왔다. 과거 조선을 비롯한 한국사회의 소설은 대부분 지배 계급인 양반계급에 대한 풍자를 통해서 자신들이 소외당하는 사실을 풍자하였다.

따라서 양반에 대해서 일반 피지배 계급은 그들의 행실을 나쁘게 보았으며 그들의 행실을 닮아서는 안 된다는 사고를 가지고 있었다. 한국의 경우 대부분 피지배 계급인 서민들의 교과서에 해당되는 춘향전에서 변 사또의 횡포를 비롯하여 중인인 아전들의 비리와 탐관오리에 대한 폭정을 고발하였다. 또한 소설 허생전 역시 양반들의 위선적인 행동에 대해서 폭로하였으며 지배 계급들의 양반이면서 위선적인 탈을 뒤집어쓰고 다니는 행동에 대한 사회에 풍자와 고발을 간접적으로 하였다.

이러한 사실을 배경으로 할 때 중국이나 한국사회에서 지배 계급인 사의 계급과 피지배 계급인 농공상의 계급 간에는 보이지 않는 갈등이 상당히 존재하고 있었다. 따라서 지배 계급과 피지배 계급간의 갈등이 해소되지 않는 한 사회와 국가의 발전은 불가능한 것이다.

조선시대를 비롯하여 우리 선조들은 지배 계급에 대한 수탈의 피해의식이 강하게 뇌리에 박혀져 있다. 따라서 피지배 계급은 지배 계급에 대해서 존경의 대상이 되지 못하였다. 한국사회의 양반계급은 진실이 결여된 위선자로 인식되어졌으며 정부의 전복을 시도해 보려는 움직임을 보이는 경우에는 삼족을 멸해 버리는 무서운 가혹행위가 도사리고 있었다.

중국은 한국보다 수십 배 및 수천 배 더욱더 강하게 지배자에 대한 불신과 배반을 하는 경우 엄청난 처벌이 도사리고 있었다. 위정자에 대한 역적행위에는 역적행위를 일으킨 자와 그의 친인척을 모조리 잡아 죽이고 멸하는 행위에 그치지 않았다. 그들이 살던 마을 전체 사람들에게 공동으로 책임을 지워서 벌을 가혹하게 하여 처벌하였다. 한국과 중국인들은 겉으로는 위정자들에 대해서 아부와 복종을 하였다. 그들이 살아남기 위해서 피지배 계급이 행할 수 있는 최선의 방법은 그길 밖에 없었다.

서양사회는 바로 혁명의 연속이었다. 그들은 지배 계급에 대해서 달려들어서 그들의 권리를 되찾아 내었다. 앞에서도 언급한 것처럼 중국인들의 속담에 "집 앞 눈은 쓸어도 앞집의 기왓장 서리는 쳐다보지 말라"고 하였다.

현대 중국인들에게 가장 쉬운 질문을 던져보면 그들은 틀림없이 모른다고 하거나 글쎄요 아마 이 답이 정답이 아닐까요. 라고 하면서 정답을 말하기를 꺼린다. 그것은 중국인들이 수천 년 간 지배 계급에 대해서 억눌려 살면서 살아남기 위해서 그들이 고안해낸 사고방식인 것이다. 그러면서 중국인들은 위정자에 대한 불만을 자신들의 가족이나 위정자들이 없는 곳에서 불만을 터뜨린다.

이러한 피지배자가 지배자에 대한 겉으로의 절대적 복종과 동시에 속으로의 불만과 갈등이 중국과 한국이 서세동점 시대에 근대화의 실패에 가장 중요한 요소로 손꼽을 수 있다.

다시 말하면 속에 우러나서 존경하거나 대접하는 마음이 아닌 마지 못 해서 "억지 춘향" 격의 행동은 결국 성공적인 결실을 맺을 수가 없는 것이다. 춘향이 변 사또가 수청을 들라는 말에 대해서 겉과 다르게 속으로는 늙고 욕심 많은 노인을 수청들 수 없다면서 만일 거절하는 경우 보복이 두려워서 드는 수청은 현대 공부하라고 독촉하는 부모의 성화에 못 이겨서 앞에서는 공부하는 척 흉내만 내고 뒤로는 게임만 하는 학생의 성적표에 비유할 수 있는 것이다.

4 피지배 계급으로부터 절대적인 존경과 지지를 바탕으로 하는 사무라이 계급

그러면 일본의 지배 계급인 사무라이는 어떻게 했는가.

사무라이 계급은 일본사회의 지배 계급으로 오랫동안 존속되어졌다. 사무라이는 동양 삼국 중에서 한국과 중국의 지배 계급인 선비계급에 해당한다. 동양의 선비계급과 다른 점은 일본의 지배 계급인 사무라이는 검을 차고 있었다. 그들은 붓 자루 대신에 칼자루를 들고 다녔다.

한국과 중국의 선비와 사무라이의 차이점은 피지배 계층인 농공상업에 종사하는 계층들로부터 존경과 지지를 받느냐 아니면 지지를 받지 못하는 점이냐에 차이점이 있는 것이다.

사무라이 계급은 일본의 지배층 계급이지만 한국과 중국의 지배 계급인 선비계급들과는 완전히 다르게 피지배 계급인 대중들로부터 절대적으로 존경과 지지를 받는 지배 계급이었다.

대부분 한국과 중국의 지배 계급인 선비계급은 서민들로부터 비난의 대상이었다. 대부분 선비들은 벼슬길에 들어서기 위한 등용문인 과거제도에서부터 자신 스스로가 그랬듯이 자녀들을 벼슬길에 넣기 위해서 갖은 부정한 수단과 방법을 동원하여 벼슬길에 들어갔다.

일단 관직에 들어서면 그때부터는 또한 다른 사람들을 제치고 자신이 출세를 하려고 다른 사람들과 치열한 경쟁을 하였다. 과거 조선시대의 양반계급인 선비계급이 관직에 들어서면 자신의 관직을 이용하여 백성들을 못살게 굴었다.

각종 세금을 비롯하여 심지어는 서민들의 자녀들의 정조를 유린하는 경우도 허다하였다. 특히 백성들과 직접 상대하는 지방의 수령인 사또나 중인계급에 해당하는 아전들은 일반 서민들의 피를 빨아먹는 흡혈귀로서 일반백성들은 탐관오리들에게 많은 피해를 당했다.

백성들은 직접적으로는 불만을 표출할 수가 없었기 때문에 그들은 사또나 이방 등 아전들 앞에서는 굽실되기는 하지만 그들이 없는 곳에서는 지배층에 대한 비난을 퍼부었다.

지배층인 조선이나 중국의 선비족들은 관직에 나가면 자리가 한정되어져 있었다. 따라서 남을 죽이고 올라가야만 하는 치열한 경쟁에 부딪쳤다. 그들은 왕과의 관계에 대한 충성보다는 자신들 간의 파벌을 형성하여 서로의 비리를 왕에게 고해서 자신과 적대관계에 있는 다른 선비들을 없애 나가는 전략을 사용하였다.

따라서 자신이 생존하여 출세하기 위해서는 갖은 수단과 방법을 동원하여 상대를 죽이는 전략을 추구해 나갔다. 조선시대에 일본 춘추전국 시대를 통일한 도요토미 히데요시의 침략이 있을 것을 예상하였지만 조선의 관직 내에 있는 선비들 간의 알력으로 인해서 일본의 조선침략에 대해서 충분한 대비를 하지 못하였다.

조선시대 일본의 임진왜란 시 영웅인 이순신 장군 역시 같은 관직에 있는 동료들의 모함으로 인해서 옥고를 치르고 겨우 생존해서 일본과의 해전을 치러야만 하는 힘든 생활을 하였다. 따라서 이러한 지배계층내의 파벌에 대해서 피지배 계급들은 자신들은 지배 계급인 양반계급인 선비가 될 수 없기 때문에 그들에 대해서 비난을 하였다. 그 결과 선비계급인 지배 계급과 농·공·상 계급인 피지배 계급 간에는 서로를 불신하는 엄청난 괴리가 존재하고 있었다.

조선이 서세동점의 서구세력에 대한 개혁에 실패한 가장 큰 원인은 지배 계급의 부패에 있다고 볼 수 있다. 지배 계급이 부패하지 않고 올바른 정신을 가지고 정치를 하였더라면 피지배 계급으로부터 존경을 받으면서 절대적 지지 속에서 개혁에 성공을 거두었을 것이다.

중국 역시 서구문명이 들어오면서 개혁을 요구하자 개혁이 실패한 원인은 천자를 중심으로 한 지배 계급이 오랫동안 피지배 계급에 대한 착취와 압박 때문에 지배층에 대한 불만이 고조되어져 있었기 때문에 왕조의 몰락을 희망하고 있었다. 서양국가들의 세력이 들어닥치면서 한국과 중국의 왕조가 몰락해 버린 원인은 지배층이 자체 내에서 피지배층인 대다수 국민들로부터 인정을 받지 못하였기 때문이다.

서구의 민주주의 역사는 바로 지배층과 피지배층간의 권력역할의 분담의 역사라고 정의를 내릴 수 있다. 다수인 국민 앞에서 소수인 지배층은 국민들로부터 지지를 못 받는 경우에는 그 권력은 몰락의 길로 들어서게 되는 것이다. 일본의 사무라이는 일본의 피지배 계급인 서민들의 선망의 대상이 되었다. 비록 서민들은 사무라이 계급은 될 수가 없지만 그들의 뛰어난 무용담을 밤을 지새워 서로 이야기하고 후세의 자손들에게 동화로서 전달하는 낭만을 보였다.

이러한 서민들이 동경하는 사무라이 지배 계급은 서민들에게 모범을 보이는 가장 올바른 사고를 가지고 행동을 하였다. 그들은 정신적으로 명예를 가장 중시 여기는 행동을 하였으며 명예를 더럽히는 경우에는 자신의 목숨을 헌신짝 버리듯이 버렸다.

사무라이는 절대로 검을 함부로 휘둘러서 인명피해를 주지 않았다. 그들은 두 개의 검을 차고 다녔지만 검을 사회의 정의를 위해서 사용하는 정신을 보였다. 초기의 사무라이들은 자신의 군주를 위해서 검을 사용하였지만 갈수록 일본정국이 안정되고 평화가 계속되면서 사무라이들은 사회의 정의를 위해서 자신들의 행동을 보였고 검을 사용하였다.

일본도를 차는 순간에 항상 사회정의를 위해서 칼을 사용하고 동시에 검을 만드는 장인들도 검에 정신을 부여하여 모든 정신력을 집중하여 칼을 만들어야 명검이 된다는 사고를 가지고 있었다. 검을 만드는 장인들은 공업에 종사하는 사람들이었다. 만일 조선사회에서 칼이 필요하여 칼 만드는 장인에게 주문하면 그들은 어떠한 사고와 행동을 하였을까. 분명히 조선의 칼 만드는 공인들은 정성을 기울이지 않고서 칼을 만들었을 것이 분명하다. 왜냐하면 지배층들을 위해서 만들어준 칼은 분명히 피지배 계급인 자신들의 목을 겨냥한 칼이라는 생각에서 그들은 칼을 아무렇게나 만들었을 것이 분명하다.

5 덕(德)이 곧 지식이다.는 사고를 바탕으로 하는 사무라이

일본의 검을 휘두르는 사무라이 계급과 필을 휘두르는 조선과 중국의 선비족들의 차이점은 무엇이며 왜 일본이 개혁에 성공을 하였는가에 대해서 많은 의견이 분분하다.

고대 그리스의 철인 플라톤은 그의 명저 공화국(The Republic) 즉 국가론으로 알려진 저서에서 "덕(德)이 곧 지식이다(Virture is Knowledge)."라는 말로서 인간에게 가장 중요한 것을 덕에다 두었다. 또한 플라톤은 통치술을 덕에다 두는 철인 정치를 강조하였다. 동양의 사상가 맹자는 어질지 못한 자는 한 동네는 얻을 수 있지만 천하는 구하지 못한다. 라고 하면서 덕치 정치의 중요성을 강조하고 있다.

일본을 개혁에 성공시키는데 결정적인 역할을 한 사무라이 정신은 덕을 바탕으로 하고 있다. 일본의 지배계층인 사무라이들의 피지배계층인 일반인들을 다스리기 위해서 사용한 리더십은 바로 덕의 리더십이었다.

그러면 덕이란 무엇인가.

플라톤에 의하면 덕은 지혜와 용기와 절제와 정의를 의미하며 이들이 서로 조화를 이룰 때 진정한 덕이 형성된다는 것이다. 플라톤의 이상주의적 통치는 통치자가 법에 의해서 통치하는 자보다는 덕에 의한 통치를 원하고 있다. 다시 말하면 법은 인간이 필요에 의해서 만들어낸 규정이지만 덕은 인간이 만들어낸 실정법을 포함하는 모든 원리의 기반을 형성한다는 것이다. 플라톤의 이러한 이상주의적 성향은 그의 동굴론에서 잘 나타나고 있다.

인간 내부의 의식세계와 인간이 가지고 있는 무의식 세계를 동굴 안과 동굴 밖으로 구분하였다. 플라톤이 원하는 것은 지도자가 현재 고통 속에 있는 사람들을 동굴 밖의 환한 세상으로 이끌어 내는 이상세계로 움직이는 역할을 해야 한다는 것이다.

동양 삼국 중에서 사무라이 계급이 주도해 나갔던 무사도 정신은 덕인 지혜와 용기와 정의와 절제를 바탕으로 한 사무라이 정신을 발휘하였다. 지혜는 사무라이들이 기지를 발휘하여 지혜롭게 검을 사용하는 방법을 사용하는 것이다. 사무라이들은 칼을 반드시 빼어서 베어야 할 곳과 베어서는 안 되는 시기와 방법에 대한 지혜를 터득하고 실지로 행하였다.

플라톤의 스승인 소크라테스가 도시국가 전체를 위해서 악법도 따라야만 한다는 것을 보여주기 위해서 독약을 마시듯이 무사도들은 필요에 따라서는 군주와 국가의 이익을 위해서는 검을 거침없이 뽑아서 베어버리는 용기를 보여 주었다. 소크라테스가 만일 자신이 악법인줄 알면서 법을 따르지 않는다면 모두가 다 옳은 법도 악법으로 생각하고 따르지 않음으로서 도시국가 전체가 혼란에 빠져 버린다는 것이다.

사무라이 정신을 바탕으로 하는 무사들은 무엇보다도 뛰어난 무용담을 보여 주었다. 그들은 일반인들은 도저히 상상하기 힘든 가장 위험한 전쟁터에 가장 먼저 들어가서 가장 나중에 나오는 위험한 모험심을 가지고 있었다. 이들의 무용담은 일반 대중들의 가슴속에 살아남아서 사회 정의를 실현하도록 만드는 초석을 제공하였다. 한 일예로서 우리 과거의 화랑 관창의 이야기와 같은 스토리가 사무라이의 일화 속에 많이 등장하고 있다.

화랑 관창은 품일 장군의 아들로서 14세의 어린나이에 백제와의 전투에서 적진에 뛰어들어서 잡히자 기어이 적군과 목숨을 두려워하지 않고 자신의 목을 베어 달라고 하면서 싸운 화랑도이다. 일본의 사무라이들 중에서도 많은 사무라이들이 어린 나이에도 불구하고 적진에 뛰어들어서 적에 포로가 되어서 비굴하게 사느니 죽음을 택하기를 원하는 것이 바로 사무라이 정신이었다.

덕목에서 또 하나 빼놓을 수 없는 정신이 절제이다. 사무라이들은 절대로 도를 넘어서지 않는 절제된 생활을 하였다. 그들은 비록 굶주리더라도 절대로 장사 등 돈을 버는 일에는 눈을 돌리지 않았다. 또한 자신의 부를 축적하기 위해서 부정을 하는 행위는 절대로 하지 않았다.

일본의 사무라이 정신에서 어려도 사무라이이다. 라는 말이 사무라이와 화랑도들과 또한 고대 그리스 시대의 스파르타에서 그들의 정신을 역력히 읽을 수 있다. 사무라이들은 의를 가장 중요시 여기고 있다. 특히 군신과의 관계를 비롯하여 동료나 부하들과의 관계에서도 의를 바탕으로 한 삶을 살아가기를 원했다.

의는 바로 의리를 말하며 배신이나 배반이 아닌 끝까지 인정을 바탕으로 한 훌륭한 인간관계를 형성해 나간다는 것을 의미한다. 의는 신뢰라고도 할 수 있다. 사무라이 정신의 주류를 이루는 의인 신뢰는 강한 책임감과 높은 도덕성과 뛰어난 업무능력을 의미한다. 사무라이 정신은 사회에서 필요로 하는 높은 도덕성을 요구하고 있다. 도덕적으로 타락한 사람은 지도자가 될 수 없다는 것이다. 자신만의 부귀와 영화를 위해서 인생의 길을 가는 사람은 사무라이 정신에서 벗어난 정신이다. 사무라이는 도덕적으로 대도를 향해서 걸어가는 사람을 말한다.

사무라이는 또한 책임감이 강한 정신을 의미한다. 자신이 맡은 일에는 책임감을 가지고 자신의 하는 일을 추진해 나가는 정신을 말한다. 이와 함께 가장 중요한 사무라이 정신은 검을 잘 다루는 다시 말하면 무예에 뛰어난 무술실력을 갖추기 위해서 노력하여 타의 추종을 불허하는 뛰어난 검도사의 능력을 갖추고 있어야만 한다. 그러기 위해서 사무라이들은 피나는 노력을 하여 검도의 달인이 되려고 노력을 하였다.

고대부터 현대 이르기까지 중국을 비롯하여 가장 존경을 받는 인물은 누구인가.

삼국시대의 유비현덕, 조조, 관운장 등 세 인물 모두 인류로부터 존경을 받아오고 있다. 그러나 그중에서 가장 존경을 받는 인물은 이 세람의 영웅들보다도 더 존경을 받는 인물은 바로 제갈공명이다. 제갈공명이 존경을 받아오고 있는 원인은 바로 그의 뛰어난 의리를 갖춘 인품 때문이다. 제갈량은 뛰어난 지략을 갖추고 있었으며 조조로부터 유혹을 받았으나 그는 유비 현덕의 삼고초려에 의한 의리를 저버리지 않기 위해서 끝까지 최선을 다한 인물이었다.

제4장

일본 왜 위험한가

1 과거 역사가 보여준 위험한 일본인의 사고

만일 도요토미 히데요시가 일본천하를 통일하지 않았더라면, 만일 임진왜란이 일어나지 않았더라면, 만일 20세기 전반기 동안 한국이 36년 동안 일본의 식민지 통치 지배를 받지 않았더라면,

꼬리에 꼬리를 무는 역사 부정의 말들.

인류의 역사는 동서양을 통해서 광란의 역사라고 말하고 싶다. 기원전 3000년 전부터 시작된 동서양의 역사는 바로 국제사회에서 강한 국가가 약한 국가를 정복하는 힘이 바로 정의가 되어져 버렸다. 그리스의 철인 고르기아스는 국제사회에서 정의는 바로 힘이다. 라는 논리를 전개해 나가고 있다.

철인 고르기아스의 국제사회에서의 힘이 곧 정의이다. 라는 말은 국제관계에서 현실주의 이론가들이 말하는 힘의 논리에 일본을 적용해 볼 필요가 있다. 일본은 19세기 후반까지 약 260년간 계속된 막부정치의 종식으로 인해서 메이지 유신을 거치면서 갑자기 세계 최대의 강대국으로 급성장하였다. 일본은 국제사회에서 힘의 논리를 실행에 옮겼다. 그들이 실행한 힘의 논리는 주변국들인 당시 잠든 사자로서 서양강대국들의 놀림감이었던 중국을 무너뜨렸다. 또다시 유럽

최대강대국인 러시아를 영국의 힘을 이용하여 전쟁에서 승리를 거두었다. 마지막으로 일본은 로마 이래 인류 역사상 최대 강대국 미국에게 도전장을 던졌다. 일본이 마지막으로 미국에 던진 도전장은 성공을 거두지 못하였다.

아놀드 토인비의 논리인 인류역사의 "도전과 응전의 연속"을 적용하면 일본은 이제 또다시 세계 패권국으로 향하는 도전장을 낼 준비를 하고 있다. 이미 일본은 경제적으로 로마 이래 유일 패권국 미국 다음의 경제대국으로 성장해 버렸다.

이제 일본은 무엇을 필요로 하는가.

공산주의 사상을 창조한 칼 마르크스는 인간의 역사는 바로 필요에 의한 작용 반작용의 연속의 역사라고 규정하고 있다. 마르크스가 말하는 필요란 무엇을 의미하는가? 필요에 의한이란 결국 인간이 부족함으로 느끼면서 필요한 욕망을 충족시키기 위해서 다른 사람에게 싸움을 거는 전쟁의 연속이라고 말하고 있다.

일본이 지금 필요로 하는 것은 무엇인가.

일본은 지금 물질적으로는 세계 230여 개국 중에서 이미 최고의 부를 가지고 있다. 현재 일본이 원하는 것은 바로 정신적인 지배욕에 굶주리고 있다. 바로 얼마 전 자신들에게 문화를 전수한 중국과 한국에 싸움을 걸어서 한국을 근 반세기 가량 지배를 하였다. 또한 중국에게도 싸움을 걸어서 중국을 크게 고통의 도가니로 빠지게 만들었다.

이제 일본은 더 이상 물질적 풍요로움에 만족하지 못하고 정신적인 만족을 향해서 달려 나가고 있다. 일본이 원하는 정신적 만족이란 무엇을 말하는가. 실존주의 철학자 사르트르는 실존은 본질에 앞선다. 라고 말하고 있다. 사르트르가 말하는 실존은 물질적인 욕망보다는 정신적인 차원에서 인간존재를 의미하고 있다.

실존주의 철학자 사르트르가 말하는 실존은 본질에 앞선다. 라는 말은 인간은 타고 날 때 가지고 있는 인간 자체의 순수성이나 본질보다는 후천적인 환경에 의해서 절대적인 지배를 받고 있다. 또한 인간은 죽는 날까지 자신의 주변 환경에 의해서 지배를 받게 된다는 것이다.

사르트르는 인간존재가 태어날 때는 동그라미 모양을 가지고 태어났더라도 자신의 주변 환경에 의해서 육각형이나 팔각형의 인간으로 변해나간다는 것이다. 일본의 경우 물질적인 욕망과 정신적인 욕망이 모두 다른 나라 사람들보다 훨씬 강하다. 실존주의적 차원에서 인간은 누구나 다 욕망에 사로잡혀져 있다. 인간이 욕망에 사로잡혀져 있는 원인은 무엇이며 국가나 사람에 따라서 욕망의 정도에 차이가 있는가.

실존주의적 차원에서 인간은 불완전한 존재이다.

인간존재의 불완전성으로 인해서 인류의 역사는 시작되고 인간존재의 불완전성으로 인해서 인간은 현재와 미래의 역사는 계속 되어질 것이다. 만일 인간 존재가 불완전하지 않고 완전하다면 인간은 지구상에서 존재하고 않고서 현재 지구가 아닌 하늘나라에 가 있거나 인류가 멸망을 하였을 것이다.

불완전성을 극복하고 자신이 완전해지려고 노력하는 과정이 바로 인간 개개인의 역사인 것이다. 인간존재는 무의식과 의식으로 구성되어져 있다. 의식은 자아 내의 의식과 자아 밖의 의식으로 구성되어져 있다. 자아 밖 의식은 자신의 존재를 보지 못하기 때문에 인간은 자신의 잘못은 스스로 쉽게 발견하지 못한다. 남의 잘못은 쉽게 발견하는 원인이 바로 여기에 있다.

인간존재에서 의식과 무의식 사이에는 영원히 합칠 수없는 공간이 형성되어져 있다. 이러한 공간을 메우기 위해서 인간은 행동을 하는 것이다. 마르크스가 말하는 인류의 역사는 개인이 자신의 불완전성을 메우기 위해서 행하는 행동은 바로 무의식에서 의식으로 행하는 단계인 것이다. 인간은 무의식적으로 자신이 불완전을 메우기 위해서 행동을 하는 것이다.

인간의 불완전성은 언제 극복될 수 있는가.

인간존재는 무의식과 의식이 일치하는 순간에 인간은 완전해지며 인간의 행동도 막을 내린다. 바로 인간존재가 완전해지는 그 순간은 인간이 죽음을 맞이하는 순간이다. 죽는 순간 인간은 완전해 지면서 인간이 무의식 상태에서 불완전성을 극복하기 위해서 행하던 행동은 막을 내리게 되는 것이다.

염세주의 철학자 쇼펜하우어는 인간의 욕망은 바닷물을 마시는 것과 같다. 라고 말하고 있다. 바닷물은 마시면 마실수록 더욱더 갈증을 느끼기 때문이다. 또한 인간은 가지면 가질수록 더욱더 가지고 싶어 하는 욕망이 생긴다. 라는 논리를 전개하고 있다. 철학자 쇼펜하우어의 논리는 일반적으로 인간이 가지고 있는 보편타당성이 있는 논리에 근거를 두고 있다.

일본을 보편적 논리에 적용해 볼 수 있다. 일본은 다른 나라들과 지리적으로나 환경적인 요소가 한국이나 중국과는 전혀 다른 열약한 환경 속에 있다. 일본은 주변이 바다로 둘러싸여져 있는 섬나라이다. 주변이 바다로 둘러싸여져 있기 때문에 육지에 대한 동경과 향수가 다른 나라보다도 월등하게 강하다.

두 번째, 일본은 문화적으로 역사가 길지 못하며 문화교류의 통로가 한정되어져 있다. 일본은 중국과 같은 대륙국들이 육로를 통해서 전수하고 전수받는 것을 자유롭게 하지 못하는 한계에 봉착되어져 있다. 세 번째, 일본은 대륙국에서 나는 풍부한 천연자원과 지하자원이 부족하여 풍요롭게 사용하지 못하고 있다. 네 번째, 일본은 신체적으로 대륙국의 인종과 비교해서 아주 왜소한 체구를 가지고 있다. 다섯 번째, 일본은 지하에서 지진이 심하게 일어나며 동시에 태풍 등 바람의 피해가 대륙국보다 심하다. 여섯 번째, 일본은 인종적으로 북쪽 지방의 아이누의 소수 민족을 제외하면 단일민족으로 구성되어져 있다. 중국과 같이 다인종이 모여서 형성된 국가보다는 더욱더 치열하게 자신들의 내부에서 경쟁과 전쟁을 하여야만 생존할 수 있는 악조건을 갖추고 있다.

2 강한 인간으로 변화를 시도하는 일본인

인간의 존재는 언제 강한 인간으로 변하는가.

독일의 철학자 니체는 인간이 강한 초인으로 변하기 위해서는 하늘에 의존하는 인간이 되어서는 안되며 땅에 의존하여야 강한 인간인 초인으로 된다는 것이다. 목사의 아들인 니체는 인간은 인간이 강해지기 위해서는 그의 "짜라투스트라는 이렇게 말했다."에서 신의 존재에 대한 부정을 하였다. 인간이 약한 존재로 남아있는 원인은 바로 인간이 신이라는 존재에 의존하기 때문이라는 것이다.

니체의 논리를 다시 보면 인간은 열등감이 강하면 강할수록 강인한 인간으로 변한다는 것이다. 섬나라 일본인의 경우 대륙인들인 중국이나 한국인들과 달리 주변 환경의 조건이 아주 열악한 환경에 있다. 일본인들은 자신들의 열악한 환경을 극복하기 위해서 니체가 말하는 신의 존재를 부정하는 것이 아니라 신에게 매달리면서 동시에 스스로 열악한 환경을 극복해 나가야만 했다. 일본인들은 니체가 말하는 하늘에 의존함과 동시에 땅에도 의존하는 강한 인간으로 변해야만 생존할 수 있었다.

일본인들은 한국이나 대륙인들보다 열악한 내외적인 조건에 대해서 열등감이 아주 강한 민족성을 가지고 있다. 인간은 누구나 다 열등감을 가지고 있다. 그림자 없는 사람이 없는 것과 같은 현상이다. 열등감은 일반적으로 세 가지 현상으로 표출된다.

첫째 열등감을 감추려고 한다. 자신이 가지고 있는 열등감을 감추려고 하는 경우이다. 두 번째는 열등감으로 인해서 위축되는 경우이다. 세 번째는 열등감을 우월감으로 표출하는 경우이다. 일본인들은 열등감을 우월감으로 표출하려는 경향이 강하다. 그들은 문화적으로 고대나 중세에는 중국이나 한국으로부터 전수를 받았으며 근세에는 서양 국가들로부터 전수를 받았기 때문에 자신들이 다른 나라에 전수한 문화는 없다. 일본은 문화적으로 동서양 국가로부터 전수받은 문화를 자신들의 고유문화는 그대로 유지하면서 새로운 일본만의 전통문화를 창조해 내었다.

동양 삼국 중에서 유교문화를 바탕으로 하는 나라이지만 중국으로부터 전수받은 유교문화를 그대로 물러 받은 것이 아니라 자신들의 전통성에 맞추어서 변화를 추구해 나갔다. 동시에 유럽 등 서양국들의 문화를 그대로 받아들이지 않고 자신들의 고유문화와 잘 조화시켜서 새로운 문화를 창조하였다. 중국의 경우는 이미 자신들이 만들어온 수천 년 동안의 문화에 서양의 새로운 문화를 합쳐서 받아들이기에 상당한 진통을 가져오게 되었다. 중국과 함께 한국 역시 중국에 문화적으로 절대적인 영향을 받으면서 수천 년 간 지속되어온 한국 고유의 문화를 저버릴 수가 없었다. 일본의 경우는 달랐다. 일본은 자신들이 가지고 있는 문화가 없었다. 따라서 그들은 쉽게 서양의 발달된 문화를 받아들이는데 성공을 하였다.

앞에서도 이미 수차례 언급한 것과 같이 하버드 대학의 석학이자 동양학의 석학인 페어뱅크 박사는 일본이 동양 삼국 중에서 서양문물을 받아들여서 개혁에 성공을 거두어들인 원인은 바로 일본의 강한 국수주의와 강한 모방 사상 때문이다. 동시에 중국이 개혁에 실패한 원인은 중국의 강한 보수주의와 가족주의 때문이다. 라는 논리를 전개해 나가고 있다. 페어뱅크의 논리를 동양 삼국에 적용해 볼 수 있다.

일본의 국수주의는 바로 일본이 가지고 있는 환경 때문이다. 또한 일본은 개인주의와 집단주의의 양면성이 강한 국수주의를 가져오게 만들어 주었다. 일본은 춘추전국 시대를 거치면서 군주인 영웅들을 중심으로 국가를 할거하여 통치를 하면서 서로간의 힘에 의한 경쟁을 하였다. 일본인들은 살아남기 위해서는 가장 합리적인 방법을 택하여야만 하였다. 일본인들은 춘추전국시대와 그 후 계속된 막부시대를 거치면서 살아남을 수 방법은 개인주의적인 성향에 더해서 집단들과 함께 개인의 힘을 더해서 강한 집단으로 만드는 성향을 키워나갔다.

개인과 집단을 동시에 보호하기 위해서 일본은 군주가 중심이 된 국가에 대해서 강한 충성심을 보여야만 살아남을 수 있었다. 개인과 집단이 힘을 합쳐서 다른 영역과의 전투에서 이겨야만 살아남을 수 있었다. 그러면 인간은 왜 물질적인 욕망을 충족시키기 위해서 다른 개인이나 집단과 싸움을 하여 남의 것을 빼앗아서 자신의 것을 충족시키려는 욕망이 생기는가.

그리고 인간이 가지고 있는 욕망은 누가 더 강하며 어떠한 환경에서 남과의 강한 승부욕이 생겨나는가.

인간의 승부욕은 물질적으로 부족한 환경에 처한 사람이 풍족한 생활을 한 사람보다 훨씬 강한 욕망을 가지고 있다. 우선 인간이 아닌 식물과 동물의 경우를 보자. 화초 두 송이에 한 송이는 2주일 동안 물을 매일 풍부하게 주고 고이 키워 나가자. 다른 한 송이에는 물을 2주일 동안 전혀 주지 않고 나서 2주일 후에 어떠한 양상이 나타나는지의 결과를 볼 수 있다. 물을 정규적으로 준 화초는 뿌리가 아주 약하며 동시에 조금만 물을 주지 않으면 곧바로 그 화초는 죽어버린다.

반면에 2주일 동안 물을 주지 않은 화초의 뿌리는 살아남기 위해서 물을 찾아서 뿌리를 뻗어 나간다. 따라서 물을 주지 않은 화초는 웬 만큼 물을 주지 않아도 살아남는다. 이처럼 식물의 경우는 주변 환경이 악조건인 식물이 강한 식물로 변하게 된다.

동물의 경우도 예를 들어 보면 로마시대에 검투사와 맹수인 사자와의 경기를 예를 들 수 있다. 사자를 우리에 오랫동안 굶주리게 만든 사자와 그냥 규칙적으로 배불리 먹인 사자를 비교하면 배불리 먹인 사자는 검투사와의 경기에서 적극적으로 싸움을 하지 않는다. 그러나 굶주린 사자는 검투사와의 싸움에서 필사적인 싸움을 벌여서 검투사를 물어 죽인다.

인간도 마찬가지이다. 환경적으로 풍부한 환경에 자란 인간은 남에게 혀 굽은 소리를 하기 귀찮아한다. 그리고 자기 스타일대로 살아가지 남의 성공모델을 모방하기를 꺼린다. 섬나라 사람들의 꿈과 특성은 뭍인 육지로 나가는 것이 그들의 꿈이다. 우리나라 사람들의 속담에 사람을 낳으면 서울로 보내고 말을 낳으면 제주도로 보내라. 라는 말은 이 말과 약간 다른 의미를 가지고 있기는 하지만 제주도 사람들의 꿈은 물 밖으로 빠져 나가서 육지 사람들이 되는 것이 꿈이다.

일본도 큰 제주도라고 보면 된다. 그들은 육지로 나가는 것이 그들의 희망이다. 따라서 일본인들은 지상에서는 태풍이 정기적으로 찾아와서 일 년 동안 농사를 지어놓은 곡식을 순식간에 없애 버리는 강한 비바람인 태풍과 싸움을 하여야만 하였다. 반면 일본인들은 그들이 살고 있는 땅 속은 수만도 끓는 용광로로 인해서 지진이 중국이나 한국보다 훨씬 자주 일어나 피해가 아주 심하다.

그들은 잘못되는 경우에는 지진으로 인해서 언제 자신의 목숨을 잃을는지 모르는 공포심이 무의식적으로 머릿속에 자라를 잡고 있다. 그들이 살고 있는 지상에는 언제 불어닥칠는지 모르는 태풍을 비롯한 강한 비바람이 그들을 위협하고 있다. 일본인들은 육지의 중국인이나 한국인들보다 환경적으로 열악한 환경에 적응하기 위해서는 정신적으로 강한 인간으로 변해야만 살아남을 수 있었다.

과학과 기술의 발달을 바탕으로 한 산업혁명이 섬나라 영국에서 가장 먼저 일어난 원인은 영국 민족이 섬에서 벗어나기 위해서 유럽 대륙 국가보다 합리적이며 경험적인 사고를 바탕으로 한 사고를 가져야만 생존할 수 있었다. 그 결과 생존하기 위해서 산업혁명이 영국에서 가장 먼저 일어났다는 논리를 전개 할 수 있다. 사상적으로 민주주의가 가장 먼저 발달한 나라가 영국이다. 대륙의 관념론과 영국의 경험주의는 섬나라 대 대륙국의 사고의 차이점을 잘 알 수 있다.

3 민족성이 강한 해양국가들의 철학

사상적인 차원을 떠나서 물질적인 차원에서 해양국의 인간들이 훨씬 더 강한 인간성을 가지고 있다는 것을 알 수 있다. 형이상학적 차원과 형이하학적 차원에서 형이하학을 물질과 연관시키고 형이상학을 정신에 비유하면 섬나라 일본인들의 근성을 이해할 수 있다. 역사적으로 섬나라인 해양세력과 육지국인 대륙세력간의 힘의 관계를 적용해 볼 필요가 있다.

고대 그리스 도시국가 시대에 도시국가 중에서 가장 강한 국가는 아테네와 스파르타 두 나라이었다. 스파르타는 육상국이며 아테네는 해양국이었다. 아테네와 스파르타 사이의 치열한 전투에서 해양국 아테네가 승리를 하였다. 물론 군국주의 국가인 스파르타가 최종에는 승리를 하였지만 아테네가 훨씬 더 강한 국가이었다.

다음에 세계 패권국인 로마와 지중해의 작은 섬나라인 카르타고와의 전투를 생각할 수 있다. 카르타고는 수차례에 걸쳐서 로마와의 전투에서 세계 패권국 로마를 몰아갔다. 또한 지중해에 해상 봉쇄령을 내려서 로마를 곤경에 빠뜨렸다. 물론 결국에는 로마가 승리를 하였다. 해양세력을 대표하는 영국은 유럽의 대륙세력 국가들을 제치고 태양이 지지 않는 대영제국을 건설하였다. 또한 한때 유럽을 휩쓸어 버렸던 나폴레옹까지도 해전에서 승리를 하여 나폴레옹을 몰락시켜 버렸다.

영국의 후임으로 세계 패권국이 된 미국 역시 해양세력국가로 분류할 수 있다. 미국은 대서양과 태평양이라는 거대한 자연성벽을 바탕으로 유럽의 대륙세력을 막는데 성공을 거두었다. 미국의 시어도어 루즈벨트 대통령은 영국의 해양세력이 세계를 지배한다는 논리를 그의 참모이자 지정학자인 하우스 호프를 통해서 파나마 운하를 개설하였다.

지정학자인 매킨더는 그의 하트랜드 이론을 전개하여 대륙세력이 해양세력을 이길 수 있다는 하트랜드 이론 즉 심장부 이론을 주장하였다. 매킨더의 심장부 이론에서 말하는 하트랜드란 폴란드와 독일 국경지역을 말한다. 심장부 이론에서 이 지역을 정복하는 자는 유럽을 지배할 수 있다. 또한 유럽을 지배하는 자는 유라시아 즉 유럽과 아시아를 지배하고 유라시아를 지배하는 자는 세계를 지배한다는 논리를 전개 하였다.

매킨더의 논리는 히틀러에 의해서 시도되어졌다. 히틀러는 전쟁을 일으키면서 가장 먼저 폴란드를 침공하여 하트랜드부터 지배하였다. 동북아시아에서 심장부에 해당하는 지역은 바로 한반도이다. 해양세력인 일본은 중국이나 러시아 등 대륙으로 진출하여 전쟁을 하기 위해서는 한반도부터 침략하려고 하였다. 일본인들이 가지고 있는 형이상학적 차원에서 그들의 특성을 알아보기 위해서 섬나라 영국인들이 가지고 있는 철학적 사고는 어떠하며 일본의 사고는 어떠한가.

대륙철학의 근원은 부정에서 시작해서 끝까지 부정으로 가다가 결국에는 긍정으로 돌아서는 것이 대륙철학의 특성이다. 반면에 영미철학은 부정에서 시작해서 부정을 해서 끝까지 부정으로 끝이 나지 결코 돌아서지 않는 것이 영미철학이다.

일본의 경우는 철학이 아주 약한 나라이다. 물질적인 차원에서 서양의 앞선 문화를 쉽게 흡수하기는 하였지만 형이상학적 차원에서 아주 약하고 미미한 철학적 기반을 가진 국가이다. 그러나 일본도 섬나라이기 때문에 영미 철학적 사고를 가진 국가로 이해해야 한다. 영미철학과 같이 일본인들의 사고는 부정에서 시작하여 끝까지 부정으로 끝을 맺는 사고를 가지고 있다. 일본인들의 마음속에 가지고 있는 사고는 모든 것을 극한으로 몰아가서 결코 돌아서지 않는 극단적인 행동으로 몰아가는 사고를 가지고 있다. 일본에서 자살 율이 세계에서 가장 높은 원인은 바로 이러한 일본인들이 가지고 있는 극단적인 사고를 바탕으로 하고 있기 때문이다.

해양국인 영미철학은 형이하학적 차원으로 보는 관점에서는 대륙의 관념사상과는 다른 사고를 가지고 있다. 해양세력인 영국에서 인류의 제 2의 혁명인 산업혁명이 제일 먼저 일어났으며 또한 산업혁명을 완성한 국가는 바로 해양 세력국가인 미국에서 완성되었다. 물질적인 차원에서는 해양국들이 대륙국가들보다 훨씬 더 풍요를 추구해 나가려고 노력을 하고 있는 것이다.

형이하학적 차원에서 해양세력을 바탕으로 하는 섬나라 사람들의 사고는 보다 실증과 실용성을 바탕으로 남과의 화합을 강조하며 합리적인 사고를 바탕으로 하고 있다. 미국의 경우는 영국인들이 가지고 있는 경험주의에다 물질을 중시하는 실용주의적 사고를 발달시켜 나갔다. 미국을 대표하는 제임스와 퍼어스에서 시작되어서 존 듀이 등의 프라그마티즘은 미국인들이 철학에까지 돈의 중요성을 강조한다는 점에서 유럽철학자들에게서 많은 비난을 받았다.

미국의 지나친 물질 만능적 사고에 쐐기를 박기 위해서 나타난 사상가는 바로 랄프 왈도 에머슨이다. 에머슨의 초절주의는 물질만능사고를 돌려놓는데 한계가 있었다. 미국은 이미 벤자민 프랭클린의 사고인 물질만능 사고에서 벗어나기 힘든 사고에 젖어 있었다. 따라서 에머슨의 초절주의는 결국 물질만능주의는 인정하면서도 인간사회에서 정신의 중요성인 형이상학적 사고를 동시에 겸하지 못하는 경우 미국사회는 혼란 속으로 빠져 들어간다는 것을 경고하였다.

미국사회의 혼란성을 잘 표현하면서 미국을 대표하는 스콧 피츠제럴드의 위대한 캐츠비에서 미국사회와 저질성을 잘 나타내고 있었다. 이 당시 유럽인들은 물질적으로 타락한 미국인을 깔보기 시작하였다. 그러나 영국과 미국과 일본의 해양국들이 가지고 있는 물질을 중요시 여기는 사고는 상부구조인 인간사회의 통치문제에 대해서까지도 보다 합리적인 통치 방식인 민주주의의 발달을 초래하고 있다.

물질 중시 사상은 당시 유럽에서 천 년간 계속된 신 중심 사고에서 벗어나면서 계몽주의 사고를 바탕으로 유럽 전체에 확산되어 나갔다. 원래 계몽이란 불을 밝힌다는 의미로서 무조건 과학과 기술의 발달만이 최고라는 사고가 바로 계몽주의적 사고이다. 언뜻 보기에는 과학과 기술은 물질만을 추구하는 사고같이 보이지만 실지로는 형이상학인 통치적인 차원에서도 영국에서 가장 먼저 혁명이 일어났다. 영국의 명예혁명은 결국 영국이 민주주의가 가장 발달된 국가라는 것을 보여주고 있다. 영국의 사상가 토마스 홉스는 그의《리비아디언》에서 왕권의 권한에 대한 강한 계약론을 주장하였다.

해양국인 미국 역시 민주주의를 바탕으로 하는 미국 혁명을 주도하였다. 존 로크의 개인주의적 사고와 그리스의 철인 프로타고라스의 만물의 척도는 인간이다. 라는 두 개의 사고를 바탕으로 한 미국의 자유주의를 미국 민주주의 발전의 토대를 이루어 나갔다.

단지 대륙국에서의 사고는 프랑스혁명을 일어나게 만들기는 하였다. 장자크 루소의 고상한 야만인에서 인간이 자연으로 돌아가라는 사고는 결국 실용주의가 아닌 아나키즘인 무정부상태로의 전환을 야기하는 결과를 초래하였다. 여기에《프랑스혁명에 대한 고찰》로 유명한 영국의 철학자 에드먼드 버크는 프랑스혁명에 대해서 강한 부정적인 견해를 나타내고 있다. 에드먼드 버크는 프랑스혁명에 대해서 점증적인 변화를 주장하였다.

보수주의의 대명사인 영국 사상가 버크의 사상은 해양국인 영국에서 질서 안정을 바탕으로 하는 강력한 민주주의제도의 필요성을 강조하고 있다. 일본의 경우 메이지유신 이후 세계에서 가장 민주주의가 발달되었다는 내각제 제도를 영국으로부터 도입하였다. 마르크스의 사고인 하부구조인 경제구조가 상부구조인 정치형태의 변화를 결정한다는 사고는 해양국들이 대륙국보다 훨씬 물질적인 차원을 중요시하는 경향을 나타내고 있다. 다른 한편으로는 인간사회가 민주주의를 발달시키기 위해서는 물질적인 사고를 분리하여서는 이루어질 수가 없다는 것을 입증하고 있다.

인간이 생존해 나가는 한에 있어서는 물질은 인간의 몸의 피와 같은 것이다. 따라서 피가 없이는 인간은 생존할 수 없는 것이다.

제 5장

침략사상이 된 일본의 사무라이

1 자위대 파견에 앞장서는 일본

일본은 최근 미국으로부터 레이더에 포착되지 않는 최신 전투기들을 수입하였다. 북한의 핵개발에 대한 저지국으로 앞장서고 있다. 또한 미국과 미일동맹을 통해서 보다 강력한 적극적인 동맹관계를 유지해 나가고 있다.

아울러 미국을 움직여서 유엔 안보리의 상임 이사국으로 가입을 희망하고 있다. 여기에다 세계 패권국 미국이 안보적인 차원에서 행하는 군사적인 행동에 대해서는 이라크 등 각국에 일본의 자위대의 파견과 함께 경제적인 지원을 아끼지 않고 있다. 미국에 대해서는 가장 적극적인 호응 정책을 추진해 나가고 있다. 미국이 2001년 9.11 테러 이후의 변환정책에 대해서는 발 빠르게 미국의 정책에 동조하여 호흡을 같이하여 대 테러적 군사적 전략에 적극적으로 가담하고 있다.

일본이 현재 2차 세계대전 이후에 금지된 군사적 집단행동 금지에 관한 헌법 9조의 규정을 바꾸어서 자국의 방위행동 및 군사적 집단행동을 할 수 있도록 보수 우익 단체가 헌법 개정을 추진할 준비를 하고 있다. 여기에 맞추어서 일본 자위대가 엄청난 속도로 군사력 강화에 매진해 나가고 있다. 현재 세계에서 핵을 보유한 나라는 8개 나라 뿐이다. 일본은 북한의 핵개발을 예의주시하고 있으며 북한이 만일 핵개발에 성공을 하는 경우에는 일초의 지체 없이 핵을 만들 준비를 하고 있다. 일본은 이미 경제적으로나 기술적으로 핵을 완전히 만들 만한 능력을 가지고 있다. 사실상 세계 9번째 핵보유국이라고 볼 수 있다.

일본은 현재 미국이 9.11 이후 테러방지 전략 방안의 하나로서 군사적 유동성 전략을 추진하자 동북아에서 패권을 잡기 위해서 군사적으로 미국과 공조하여 중국을 강하게 견제해 나가는 전략을 추구해 나가고 있다. 이것은 일본이 군사적으로 중국을 견제하여 동북아에서 패권국으로 부상하기 위한 전략이다. 9. 11 이후 미국은 동북아에서 중국을 견제하기 위해서 군사방위 전략의 중심지를 한국에서 일본으로 전환하였다. 이러한 군사적 전환은 일본을 동북아에서 중국보다 우위에 두기 위한 전략방안인 것이다.

일본은 미국을 등에 업고 경제적으로 가장 위력을 발휘할 수 있는 국제통화기금의 약 6%의 지분율을 가지고서 미국 다음의 경제력을 세계에 과시하고 있다. IMF 상임 이사국의 지분율을 보면 독일이 일본과 함께 6%, 영국과 프랑스 5%, 중국이 3%이다. 미국은 17.3%로서 가장 많은 비율을 차지하고 있다. IMF의 권력의 행사는 지분 율에 따라서 하기 때문에 각국들은 서로 많은 지분율을 가지려고 노력을 하고 있다.

IMF 주인이나 다름없는 미국이 강력한 지분권을 행사하기 때문에 일본이 미국으로부터 가장 신임을 얻고 있다. 이제 미래의 사무라이는 영원한 제국을 꿈꾸면서 과거 자신이 청국과의 전쟁과 러시아와의 전쟁에서 이긴 영광을 다시 재현시키려고 노력을 하고 있다. 또한 일본은 자신보다 문화적으로 형에 해당하는 한국을 식민지화 시켜서 한국의 문화를 말살하려고 시도했던 과거의 향수를 다시 그리워하고 있다.

일본의 미래 사무라이들이 원하는 것은 무엇인가.

그들은 영원한 제국을 꿈꾸고 있다. 과거의 사무라이는 사무라이 정신을 바탕으로 군국주의 사상에 사로잡혀 전 세계를 지배하려는 야욕에 불타고 있었다. 과거의 사무라이는 주변의 강대국들에게 도전장으로 내었다. 그리고 주변의 형식상의 패권국 영국과 실질상의 패권국 미국을 끌어들여서 청국과 러시아에게 승리를 하였다. 또 다시 형식상의 패권국과 실질상의 패권국에게 도전장을 제출하여 세계 패권국이 되기를 희망하였다.

그러나 과거의 사무라이는 자신들의 목표를 달성하지 못했다. 그러면 미래의 사무라이는 어떤가.

그들은 또다시 과거의 향수가 살아나기 시작하였다. 또다시 군을 창설하여 군국주의 정신을 바탕으로 하는 국가를 목표로 달려 나 가고 있다. 이제 사무라이들의 사상은 침략사상으로 변하고 있다.

주변국가인 한국은 이미 과거의 역사를 통해서 사무라이들로부터 두 번의 무서운 침략전쟁인 임진왜란과 정유재란을 거치면서 을사늑약과 합병이라는 무서운 침략을 당했다. 하마터면 사무라이로 인해서 한국의 역사는 영원히 사라지고 한국의 문화는 그들의 말살정책에 의해 사무라이 문화로 변화될 뻔 했다.

중국 역시 수차례 침공을 당하였다. 일본에게 당한 중국의 고통은 엄청났다. 청일전쟁과 2차 세계대전을 거치면서 중국대륙은 쑥대밭이 되었다. 한국과 중국을 힘들게 만든 사무라이들에 대해서 동양 삼국 중에서 가장 막내인 일본의 기질은 호전적이다. 일본의 호전성은 결국 사무라이 정신을 바탕으로 하여 전 세계 패권의 꿈을 이루려 하고 있다.

2 침략사상이 된 미국의 프런티어와 일본의 사무라이

미국인들의 사상인 프런티어 사상 역시 침략사상으로 변하고 있다고 중동을 비롯한 주변국가 들이 그렇게 평하고 있다. 미국인들 역시 원주민 인디언들과의 싸움을 통해서 개척기에 형성한 기질을 바탕으로 하기 때문이다. 미국인들이 가장 즐겨 부르는 시는 바로 제국은 늘 서쪽으로 향했지. 라는 시구이다. 이 시의 구절을 보면 제국은 늘 서쪽으로 향했지/ 이미 제 4장은 지나갔고/ 다섯 번째 장이 나오면 막이 내릴 것이다/ 우리시대의 가장 아름다운 후예가 등장하리라이다.

미국인들의 집의 벽에 가장 많이 붙여 놓는 그림은 바로 장군의 죽음을 그린 전쟁 그림이다. 장군이 막 숨을 거두는 장면을 묘사한 전쟁그림이다. 이것은 미국인들이 자랑하는 프런티어 역시 침략사상으로 변하였다는 것을 의미한다. 미국은 프런티어 사상을 앞세워서 국내를 통합하고 밖으로는 세계 패권국이 되었다. 일본이 가장 동경하는 나라는 미국이다. 미국이 가장 좋아하는 나라는 일본이다.

미국이 일본을 좋아하는 사실은 미국인들은 일본을 서구문화로 분류하고 있다. 사실상 일본은 메이지 유신을 거치면서 모든 국내의 제도를 서구식으로 개조해 버렸다. 따라서 서구인들이 보기에는 일본이 비록 지리적으로는 동양에 위치하고 있기는 하지만 사실은 서구식 문화를 겸비하고 있기 때문이다.

미국은 중국은 견제해 나가지만 일본의 미래 사무라이들에 대해서는 견제를 하지 않고 있다. 이것은 일본 민족성을 대변하는 말인 국화와 칼에서 사무라이들은 항상 국화를 가지고 달려들기 때문에 칼을 감추고 있다는 것을 의식하지 못한다. 따라서 현재 미국도 미래의 사무라이들에 대해서 아무런 경계심을 갖지 않고 있으며 오히려 주변국가인 중국에 대해서만 강한 경계심을 가지고 있다.

일본 사무라이들이 가지고 있는 또 하나의 특성은 다른 나라에 파고들어가서 적응하는데 타고난 사무라이 기질을 가지고 있다. 이것은 일본의 다국적 기업인 종합무역 상사들의 역할을 보면 쉽사리 이해가 간다. 일본 종합무역 상사들은 아프리카 오지를 비롯하여 미국이나 유럽 국가들이 포기한 남미의 국가나 하와이 등 어디든지 파고들어가서 성공을 한다. 유럽인들은 남미를 정복하기는 하였지만 상업적으로는 실패를 하였다. 하와이에 대해서도 일본은 초기에 잘 파고들어서 성공을 하였다.

그러면 왜 일본은 상업적으로 다른 나라 보다 성공적으로 잘 파고들어가는가. 그 원인은 바로 사무라이 극기정신 때문이다. 사무라이 극기정신은 아무리 어려운 일이라도 포기를 하지 않고 끝까지 버티면서 파고 들어가는 기질을 가지고 있다. 또한 어려운 일에 잘 적응한다. 이점은 미국의 프런티어들과 다른 점이다. 미국의 프런티어는 실용주의 사상을 바탕으로 하기 때문에 힘들다고 생각하면 쉽게 포기하고 다른 방법을 모색한다. 그러나 일본의 사무라이는 힘이 들면 들수록 더욱더 파고들어가는 기질을 가지고 있다.

영원한 제국을 꿈꾸는 미래의 사무라이들은 어떠한 전략으로 세계 패권국에 도전을 할 가능성을 가지고 있는가. 우선 일본은 미국과 1950년대 맺은 미일동맹에 대해서 보다 적극적인 동맹관계를 추진해 나가는 전략을 추구해 나갈 것이다. 미국은 9.11테러 이후 군사적 변환정책을 추진해 나가고 있다. 이것은 미국이 기존에 한곳에 있던 군대들의 이동력을 보다 신속하게 대응하는 전략을 모색하기 위한 전략이다. 현재 미국은 유럽에서는 독일에 주둔하는 나토병력이 약 6만 8천 명을 활용하고 있다. 반면에 동북아에서 한국에 있던 미군을 단계적으로 감축하고 그 대신 일본에 군대를 증강시켜 나가는 전략방안을 추진해 나가고 있다.

이러한 전략방안은 미국이 한미동맹보다는 미일동맹에 더욱 주력을 두고 있다는 것을 의미한다. 미국의 이러한 군사적 전략방안은 결국 동북아에서 중국을 견제하고 제거시키겠다는 전략이다. 현재 중국은 이미 미국 다음의 군사적 강대국으로 등장하고 있다. 2차 세계대전이후 약 반세기동안 미국을 괴롭혀왔던 러시아의 80년대 말의 몰락으로 인해서 미국에 대한 도전 국이 한동안 없었다. 이러한 틈을 이용하여 빈 라덴 등 중동의 테러리스트들이 미국에 도전장을 던졌다. 그러나 중동의 테러리스트들은 미국의 적수가 아닌 게릴라들이라고 보면 된다.

그러나 사실상 테러와의 전쟁으로 전쟁양상이 점차적으로 중요한 비중을 차지하기는 하다. 미국이 북한의 핵문제에 대해서 6자 회담 등을 통해서 북한의 핵개발을 적극적으로 저지시켜 나가는 원인은 바로 북한이 핵실험을 성공하는 경우에 문제가 크게 발생할 가능성을 염두에 두기 때문이다. 북한의 핵 기술이 미국과 적대관계에 있는 이란 등 중동의 테러리스트들에게 전수하는 경우 미국의 안보에 치명타를 맞을 것이라는 위협성 때문이다.

미국은 동북아에서 자신의 입지를 강화하기 위해서는 북한과 가장 가까운 중국을 6자회담의 주체국으로 하여 북한을 회담에 끌어들이고 있다. 동시에 중국에 대해서는 일본을 이용하여 중국을 견제해 나가고 있다. 러시아의 붕괴이후 미국에 대한 뚜렷한 도전 국이 나타나지 않고서 미국 유일의 세계무대를 독주해 나가자 중동의 테러리스트들이 독주에 제동을 걸었다. 미국은 엄청난 충격과 힘의 상실을 초래하였다. 그러나 미국의 안보전략 변화에 급부상하고 있는 나라는 일본의 사무라이 후예들이다.

2001년부터 6년간 장기 집권한 고이즈미 내각은 미국의 군사적 전략방안에 대해서 절대적인 지지를 하였다. 이러한 일본의 미국안보전략에 대한 지지는 결국 미국이 일본을 유엔 안보리 상임이사국으로 제안할 의사를 얻어 내었다. 또한 미국이 동북아에서 한국 대신에 일본이 가장 중요한 군사적 기지로 전환 시키도록 하였다. 미국이 테러국들에 대해서 군사적 응징을 한 2차 걸프전과 아프간 전에서 전세계의 많은 국가들을 비롯하여 유엔 안보리에서 미국의 군사적 응징을 반대 하였다. 그러나 일본만은 미국의 테러국들에 대한 군사적 응징에 절대적으로 경제적 지지를 비롯한 지원을 하였다.

3 메이지 시대에 배운 군사적 전략 모델을 바탕으로 하는 일본

일본의 현재 군사적 전략 모델은 바로 과거 메이지 유신 이후 일본이 당시 패권국인 영국이 육군국인 러시아를 견제하기 위해서 맺은 동맹인 영일동맹에 비유할 수 있다. 영일동맹의 힘으로 일본은 유럽의 최강국 러시아를 상대로 전쟁을 치를 수 있었다. 그 결과 일본이 러시아에게 이긴 원인은 바로 당시 최강국 영국의 힘의 덕분이다. 또한 일본이 한국을 식민지화 하는데 성공한 전략은 당시 실질적 패권국인 미국과의 가스라 -태프트 전략의 덕분이다. 이제 일본은 미일동맹을 바탕으로 한 전략에서 이익을 얻는 모델을 개발해 나가는 방안을 구상하고 있다.

일본은 로마 이래 최강국 미국의 힘을 빌려서 유엔 안보리에 상임이사국으로 임명이 될 것이다. 유엔 안보리 상임 이사국은 미국과 중국과 러시아와 영국과 프랑스와 5대 강대국뿐이다. 여기에 일본이 상임이사국이 되며 일본은 이제 국제사회에서 인정을 받는 세계 6대 강대국으로 등장 할 것이다. 다음에 일본이 추구하는 전략은 미국과의 지속적인 테러예방전을 비롯하여 미국과 안보적인 차원에서 미영동맹과 미일동맹의 투톱을 만들어서 미국과 일본과 영국이 세계를 주도해 나가는 구조적 전략을 추구해 나갈 것이다.

과거와는 달리 현대의 군사적 전략은 새로운 무기를 구입하고 군대를 이동하는 등 많은 경제적인 비용을 필요로 한다. 이러한 군사적 비용은 일본이 미국과의 안보비용을 분담하여 적극적으로 지원할 것이다. 일본은 이미 경제적으로는 미국 다음의 최강국이기 때문이다. 일본은 다음단계로 국내적인 차원에서 국내보수파와 연합하여 자국의 헌법을 개정하는 작업이다. 현재 일본은 2차 세계대전 이후 집단적인 군사행동을 하지 못하도록 된 헌법 9조를 개정하는 방법에 몰두하고 있다. 자국의 안보를 위해서 필요한 경우에는 집단적인 군사행동을 방어적인 차원이 아닌 공격적인 차원에서의 군사적 행동을 할 수 있도록 헌법을 개정할 것 이다.

다음 단계로 일본은 이미 국제사회에의 위상에 힘입어서 유엔 안보리의 상임이사국이라는 명분의 예외성과 우월성을 바탕으로 핵을 보유하도록 국제사회에서 미국을 움직여서 설득시키는 행동을 할 것이다. 일본이 핵을 보유하는 과정에서 일본은 미국의 힘을 이용할 것이다. 미국은 일본과의 미일동맹을 구실로 일본이 핵을 보유하도록 할 것이다. 미국이 일본이 핵을 보유하도록 유엔을 설득하는 것은 이스라엘이 핵을 보유한 것과 같은 맥락에서 이해할 수 있다.

현재 핵보유국은 미국이 1945년에 처음 개발하여 2차 세계대전을 마무리하는데 일본의 히로시마와 나가사키에 원폭을 투하하였다. 이후 1949년 러시아가 핵을 성공하여 핵보유국이 되었다.그 후 1964년의 중국이 성공하고 비동맹국들의 대표국인 인도가 핵무기를 보유하였다. 인도와 분쟁을 빗는 파키스탄이 핵을 보유하고 남아공이 핵을 성공시켰으나 자진해서 반납하고 핵을 포기하였다. 그 후 이스라엘이 미국의 도움으로 대 이슬람국가 전략으로 핵을 보유하였다. 이스라엘이 핵을 보유한 원인은 바로 중동지역에서 대 이라크와 이란을 비롯하여 팔레스타인 등 미국에 대한 견제용으로 미국이 이스라엘이 핵을 보유하도록 도와주었다.

당시 미국이 이스라엘에 핵을 보유하도록 하는데에는 현재 미국 인구의 4%를 차지하는 유대인의 영향력이 절대적이었다. 유대인들은 미국의 상권을 움직이고 있다. 지난번 9.11테러 당시 미국의 국방성과 뉴욕의 쌍둥이 빌딩인 무역센터가 테러리스트들로부터 침공을 당한 원인이 바로 무역센터가 유대인 소유의 건물이다. 현재 미국의 상권을 쥐고 있는 유대인들은 여러 분야에서 두각을 드러내고 있다. 이러한 유대인들의 영향력 때문에 미국은 이스라엘에 대해서 손을 떼지 못하고 있는 것이다.

이러한 맥락에서 보면 일본이 경제적으로 세계에 미치는 영향력이 엄청나다. 미국 다음으로 많은 IMF 지분권을 비롯하여 일본의 미스비시, 미스이, 도요다 등 세계 다국적 기업수가 미국 다음으로 많다. 이러한 일본의 경제력은 바로 유대인의 미국에 미치는 영향력을 생각하여 동일한 모델을 창조해 낼 수 있다.

일본은 이스라엘과 같이 동북아의 안전을 위해서 핵을 보유하는 모델을 창출해 낼 것이다. 일본의 이러한 요구에 미국은 반드시 허용할 것이다. 중국이 북한에 대해서 애착을 가지고 6자회담의 의장국으로서 북한의 핵개발 저지를 하고 있다. 북한이 국제사회에서 물의를 일으키는 것을 중국이 이용하는 원인은 미국이 동북아에서 손을 떼고서 물러나기를 희망하기 때문이다. 미국이 동북아에서 물러나도록 중국은 북한을 이용하여 간접적인 압력을 행사하고 있는 것이다. 중국의 이러한 전략에 대해서 미국은 자국 편인 일본에게 핵을 보유하도록 하여 일본이 미국을 대신하여 대리전쟁을 치르도록 할 것이다.

만일 북한이 핵을 보유하는 경우 미국은 군사적인 제제를 가해서 북한을 이라크나 아프간 정도로 북한을 없애 버리는 극단적인 군사적 행동 역시 배제할 수 없다. 북한이 말을 안 듣고 핵을 보유하는 경우 미국은 중국과의 상의나 안보리의 상의 없이 일본과 연합하여 북한에 군사적 행동을 할 것으로 예상된다. 북한이 핵을 보유하려고 고집하는 원인은 러시아의 몰락으로 인한 힘의 공백상태에 기인한다. 한반도에서 남한에 대해서는 한미동맹으로 인해서 북한의 도발행위에 대해서 미국의 자동적인 군사적 개입 때문이다. 북한이 남한에 군사적 행위를 하는 경우에는 남한과의 전쟁이 아니라 북한과 미국과의 전쟁이 되는 것이다.

북한이 핵을 포기하는 조건으로 미국에 대해서 요구하는 것은 미국과 불가침 조약을 선제 조건으로 하는 이유가 바로 한미동맹 때문인 것이다. 북한은 북한이 맺고 있는 북한-러시아 동맹은 러시아가 붕괴됨으로 위력이 상실되었다는 생각을 가지고 있다. 따라서 북한은 스스로 핵개발을 통해서 핵을 보유하여야만 한반도에서 군사적인 차원에서 힘의 균형상태가 이루어진다는 사고를 가지고 있다.

북한은 현재 한국전쟁 당시 중국과 맺은 동맹을 유지해 나가고 있다. 만일 한반도에서 전쟁이 일어나는 경우 중국이 자동적으로 전쟁에 개입하여야만 한다. 그러나 현재의 중국의 입장으로서는 북한 편을 들 수가 없다. 그 이유는 바로 전 세계의 많은 기업들이 중국에 모여들어서 중국과 조인트 벤처인 합작투자를 하고 있기 때문에 한반도의 분쟁에 북한 편을 들 수가 없는 입장이다. 이러한 한반도 사태에서 북한의 핵문제 대해서 미국은 그냥 넘어가지 않을 것이다. 이러한 경우 일본은 자국의 안보를 비롯하여 미국과의 동맹을 바탕으로 한 핵 보유의 필요성을 강조하고 나설 것이다. 특히 일본은 국제사회를 설득하여 이스라엘과 같은 모델 케이스로 핵을 보유할 것이다.

4 중국 죽이기 전략을 추구하는 일본

다음으로 일본이 추구해 나가는 전략 방안은 일본은 유럽 연합국을 제치고 미국, 일본, 중국, 러시아 4강 구도 중에서 러시아는 이미 경제 3류국으로 전락하고 말았다. 따라서 그냥 가만히 두어도 러시아는 힘을 쓰지 못하고 강대국 중에서도 힘을 쓰지 못할 것이다. 따라서 일본이 주력하는 것은 중국 죽이기 전략을 추구해 나갈 것이다. 특히 중국과 군사적으로 대립관계에 있는 대만을 이용할 것이다.

일본의 대 중국 죽이기 전략을 일본은 강력하게 추진해 나갈 것이다. 일본이 핵을 보유한 이후 일본은 군사적으로 강한 경제력을 바탕으로 군사대국으로 이동하는 전략을 추구하여 엄청난 국방예산을 늘려 나갈 것이다. 이러한 일본의 경제대국에서 군사대국으로의 전환은 순식간에 이루어 질 전망이다. 이것은 일본의 과거의 전략들을 보면 이해할 수 있다. 일본은 메이지 유신과 2차 세계대전 당시의 군사적 행동을 연구하면 알 수 있다. 일본은 드디어 군국주의로 탄생하게 될 것이다. 과거의 사무라이 정신을 바탕으로 군국주의 국가로 탈바꿈하여 영원한 제국의 꿈을 키워서 세계 패권국인 미국에 도전하는 도전 국이 될 전망이다. 미국의 프런티어냐 일본의 사무라이냐, 중국의 중화주의냐를 두고서 새로운 국제질서의 재편이 전개될 전망이다.

동양의 유교문화를 바탕으로 하는 동양 삼국 중에서 일본만이 유일하게 서구문화로 분류되고 있다. 지리적으로는 동북아에 위치해 있으면서 문화적으로 서구문화로 분류되는 것은 아이러니가 아닐 수 없다. 이것은 일본이 메이지 유신을 거치면서 서구문화를 성공적으로 잘 받아들였기 때문이다. 일본이 서구문화를 잘 받아들인 원인은 바로 일본의 지배 계급인 사무라이의 무사들이 한국과 중국의 지배 계급인 선비계급인 사와는 다른 정신을 가지고 있었기 때문이다.

제 6장

일본의 패권국으로의 사상의 한계점

1 중화사상이 프런티어를 이기지 못하는 원인

동양사상을 대표하는 일본의 사무라이 정신과 중국의 중화사상은 세계 패권국 미국을 대표하는 사상인 프런티어를 이기지 못하고 있다. 오리엔탈리즘이 세계 패권국으로 등장하기 위해서는 일본과 중국의 국력이 미국의 국력을 능가할 수 있도록 되어야 한다. 국제관계에서 국력을 측정하기는 힘이 든다. 특히 그 나라가 가지고 있는 군사적인 비밀을 비롯하여 다양한 방면에서 측정이 불가능하기 때문이다. 여기에서 일본과 중국이 힘을 합치면 현재 세계 패권국이며 로마 이래로 세계 최강국인 미국을 이길 수 있는지를 분석해 볼 필요가 있다.

미국의 보수주의 학파를 대표하며 문명충돌론으로 우리에게 잘 알려진 사무엘 헌팅톤은 현재 미국의 국력은 전 세계 230개국을 상대로 싸워도 승산이 있다고 보고 있다. 현재 경제적으로 2위인 일본과 군사적으로 2위인 중국이 연합전선을 편다면 미국을 이길 수 있을 런지에 대해서는 예측이 불가능한 일이다.

오리엔탈의 강대국 일본과 중국의 두 나라의 힘을 합쳐서 계산한다는 일 자체가 불가능하기 때문이다. 그보다 우리가 측정가능한 일은 일본 국민들이 가지고 있는 정신력이나 중국인들이 가지고 있는 중화사상이라는 국민성이 미국이 가지고 있는 프런티어를 과연 이겨 낼 수 있는지에 대해서 연구하면 어느 정도의 이해가 간다.

한 국가가 가지고 있는 국력 중에서 그 나라 국민들이 가지고 있는 국민성이 국력에서 중요한 비중을 차지하고 있다. 현재 미국이 가장 두려워하는 나라는 중국이다. 그 이유는 바로 중국의 매년 8% 이상의 급속한 경제성장력 때문이다. 이러한 추세로 나간다면 바로 몇 년 후인 2020년대 초반에는 중국의 경제력이 미국을 상회할 가능성이 있기 때문이다. 현대의 국력은 군사력보다는 그 국가의 경제력이 더욱 큰 비중을 차지하고 있기 때문이다. 군사력으로서 군인의 숫자는 그리 큰 비중을 차지하지 못하고 있다. 그보다 전쟁을 하기 위해서는 군대를 움직일 수 있는 경제력이 더욱더 중요하기 때문이다.

미국이 중국의 경제력도 겁이 나지만 그보다 더욱 위험하다고 생각하는 것은 중국이 가지고 있는 중화사상 때문이다. 중화사상은 중국이 지구상에는 중국 이외의 나라는 나라가 아니다. 전 세계의 모든 국가들은 다 중국의 지배하에 있어야만 한다는 사고를 가지고 있기 때문이다. 중국이 러시아를 대신해서 미국의 패권에 대한 도전 국으로 급부상 할 가능성을 가장 크게 보고 있다.

그러나 동양적인 관점에서 볼 때 중화사상은 너무도 큰 문제점을 가지고 있다. 그 근본적인 이유는 중국은 도전적인 사고를 가지고 있지를 못하고 단지 응전적인 사고만 가지고 있을 뿐이다. 진시황 이후 중국은 만리장성을 쌓아서 중원에 들어오는 적을 막기 위해서 노력을 하였다. 이것은 중국인들의 사고는 남을 공격하는 사고가 아니라 적으로부터 자신을 보호하는 응전의 역사의 연속이라고 규정할 수 있다.

칭기즈칸이 서유럽까지 밀고 나간 것은 그들이 말을 타고 다니는 몽골민족이며 중국 중원의 주인인 한민족이 아니기 때문에 그들은 중화사상을 모르고 있는 이방민족이다. 중화사상이 미국의 프런티어 정신과 싸워서는 결코 이길 수 없다는 사고는 바로 프런티어는 도전적인 사고를 가지고 있기 때문이다. 유럽 전체 크기만 한 신천지를 개척하면서 원주민인 인디언과 멕시코인들을 쫓아내면서 길들어진 사고이기 때문에 중국의 중화사상과는 도전적인 차원에서는 엄청난 차이를 보여주고 있다.

두 번째 중국의 중화사상이 미국의 프런티어 정신을 극복하지 못하는 원인은 바로 가족주의적 사고 때문이다. 중국인들이 가지고 있는 가족주의적 사고는 자신이 있는 집단을 위하는 것이 아니라 자신과 가족을 위해서 자신의 존재가 집단이나 국가 위에 있는 것이다. 중국이 1943년부터 6년간 공산당 모택동 군대와 국민당 장개석 군대가 싸움을 벌인 결과 장개석 군대가 수적으로 강하였다. 그러나 가족주의를 바탕으로 하는 정신력 때문에 국민당 군인들은 부패하여 군수물자를 공산당에 팔아넘기는 부정을 저질렀다. 현재 중국은 부정이 가장 심한 나라이다. 이것은 가족주의 사고 때문이다. 가족을 위해서 자신과 국가를 희생하는 정신이 머릿속에 잠재되어져 있다.

다음으로 중국이 미국의 프런티어를 이기기 힘든 원인은 바로 보수주의적 사고 때문이다. 중국은 등소평의 실용주의 정책을 바탕으로 문호를 개방하기는 하였지만 그들이 가지고 있는 보수주의 사고의 테두리를 벗어나지 못하고 있다. 그들은 주변변화에 대해서 민감하게 반응을 하지 못하고 있다. 이러한 중국의 보수주의적 사고는 중국을 패권국으로 만들기에는 한계성을 드러내고 있다.

2 진보적 사고를 가진 일본인의 의식

동양 삼국 중에서 뿐만 아니라 현재 전 세계 모든 국가들 중에서 미국에 도전 국으로 등장할 수 있는 가능성을 가진 나라는 바로 일본이다. 일본은 전 세계국가 중에서 미국 다음의 경제대국이다. 최근에는 중국이 일본 경제를 앞질러서 세계 3위의 경제 대국으로 중국에게 밀려나가는 하였지만 아직도 일본의 경제력은 대단하다. 또한 일본은 주변 변화에 대해서 가장 민감하게 반응을 보이는 진보적 사고를 가진 나라이다. 일본이 러시아나 중국보다 훨씬 더 패권국으로 등장할 가능성이 큰 원인은 과거 역사를 보더라도 일본은 순식간에 개혁에 성공을 하였다. 일본이 서양 문물을 받아들이기 시작한 연도는 1867년의 메이지 유신을 기점으로 시작되었다.

메이지 유신의 시점 이후 불과 20여 년 만에 일본은 청국과의 전쟁에서 이기고 또한 그 후 10년 만에 유럽 최강국 러시아를 무너뜨리는 전승을 거둔 과거 역사를 분석해 볼 필요가 있다. 과거 일본의 역사 모델을 적용해 보면 일본의 힘은 바로 사무라이 정신에 있다고 일본의 역사학자를 비롯한 전문가들이 분석하고 있다. 사무라이 정신인 극기정신이 약소국 일본이 강대국 중국과 러시아를 이겼다는 것이다. 사실상 일본의 모든 힘은 사무라이 정신에서 시작해서 사무라이 정신으로 끝이 난다.

사무라이 정신과 미국의 프런티어 정신이 진짜 전쟁으로 가지는 않는다고 하더라도 경제대전을 비롯하여 문화적인 전쟁 등 실제 군사적인 전쟁이 아닌 전쟁을 치르고 있다. 앞으로 군사적인 전쟁도 가능성을 크게 가지고 있다. 왜냐하면 프런티어 정신과 일본의 사무라이 정신은 같은 도전정신을 바탕으로 하고 있다. 일본의 사무라이 정신은 강한 승부욕을 바탕으로 하고 있다. 사무라이는 강한 국수주의 정신과 복수심을 가지고 있다. 과거 일본은 2차 세계대전에서 미국에게 한번 패한 경험을 항상 생각하고 복수를 생각하고 있다.

일본이 휘두르는 복수의 사무라이 칼은 진짜 전쟁이 아닌 국제사회에서 경제전쟁에서 미국이 겁을 먹도록 만들어 나가고 있다. 이제 일본도 헌법을 바꾸고 유엔 안보리의 상임이사국으로 변하려고 노력을 하고 핵을 보유할 빌미를 만들어 나가고 있다. 군사적인 면에서도 군사대국 중국을 견제하기 위한 준비를 하고 있다.

토인비의 말과 같이 "역사는 도전과 응전의 역사이다. 또한 역사는 그 자체를 되풀이한다." 라는 이론의 논리를 적용하면 미래의 사무라이는 미국의 프런티어와 한판 군사적 충돌을 예상할 수 있다.

그러면 앞에서 자세하게 설명한 일본의 사마라이가 미국의 프런티어를 이길 수 있는지를 논리적으로 설명하기 위해서 미국의 프런티어의 역사적 배경과 미국의 프런티어가 무엇인지에 대해서 설명을 하고자 한다.

이러한 설명에 앞서서 결론부터 지으면 일본의 사무라이는 결코 미국의 프런티어를 이길 수 없다는 결론을 내릴 수 있다. 이것은 일본이 패권국으로서의 한계점이 있다는 것이다. 이것은 일본은 결코 세계 패권국이 될 수 없다는 결론을 내릴 수 있다.

3 미국 프런티어의 역사

미국의 전통적인 역사학자들은 미국의 프런티어를 한마디로 요약해서 유럽의 계몽주의가 미 대륙으로 옮겨지는 과정에서 형성되어졌다라고 규정하고 있다.

계몽이란 말은 영어로 (Enlightenment) 즉 불을 밝힌다는 말로서 과거의 역사와 다른 시각에서 역사를 시작하자는 의미를 가지고 있다. 계몽주의 이전시대는 암흑시대로 간주하고 계몽주의 시대부터 유럽의 역사는 무조건 과학과 기술을 숭상하는 시대로 접어들게 된다. 미국의 프런티어는 자유로운 영국인들의 사상을 토대로 한 청교도 사상과 프랑스혁명사상을 토대로 하여 유럽에서는 반대에 부딪쳤으나 미국에서는 별로 큰 어려움이 없이 전파 되었다.

유럽의 계몽주의는 독일신성 로마제국에서 일어난 종교전쟁과 비교될 정도로 인류의 역사의 기원전과 기원후로 나눌 수 있다. 계몽주의 사상은 영국에서 일어난 산업혁명을 더욱 가속화 시켜서 유럽보다도 미국에서 더욱 꽃을 피우게 만들었다. 계몽주의는 인간이 암흑에서 깨어나서 신이 모든 것을 해결할 수 있다던 사상에서 과학이 인간의 모든 문제를 해결할 수 있다는 현실주의 생각으로 바꾸어지게 되었다.

계몽주의는 자연과학과 사회과학의 모든 면에서 발전을 초래하게 된다. 코페르니쿠스에서 시작해서 갈릴레오를 거쳐서 영국의 뉴턴에 이른 물리학은 인류가 농업사회에서 공업사회로 도약하는 계기를 마련하였다. 갈릴레오와 코페르니쿠스 등을 비롯하여 많은 과학자들이 새로운 시각에서 지구에 대한 과학적인 이론을 제시하였다. 나중에는 인간의 창조주가 신인가에 대한 의구심까지로 발전하면서 신의 존재를 의심하는 문제로까지 번지게 되면서 발전의 속도를 더하게 되었다.

이러한 과학적인 의구심은 점차적으로 인간의 평등을 요구하는 평등주의 사회를 요구하면서 정부에 대해서 더 많은 자유와 평등을 요구하게 되었다. 세계 3대 혁명인 영국의 명예혁명과 미국혁명 및 프랑스 혁명은 이러한 계몽주의 사상을 토대로 하고 있다고 할 수 있다. 요하네스 알투지우스에서 시작된 계약론은 영국 명예혁명의 이론적 근거를 제시한 토마스 홉스와 미국의 헌법의 근원을 제공하고 미국 독립혁명에 원인을 제공한 존 록크의 사상과 고상한 야만인의 자연으로 돌아가기 원하면서 프랑스혁명에 불씨를 제공한 장자크 루소의 사상은 과학의 발달과 함께 사상사적 차원에서도 한 단계 올려놓은 결과를 초래하였다.

유럽에서의 계몽주의 사상은 기존의 전통을 허물 수 없는 많은 장벽을 가지고 있었다. 유럽에서는 벗어버리기 힘든 오래된 유품들을 미국에서 쉽게 내던지고서 새로운 출발을 할 수 있었기 때문에 미국은 유럽보다 과학적으로나 사상적으로 아무런 장애물이 없이 발전의 속도를 더할 수 있었다. 프레드릭 터너와 같은 미국의 역사학자들은 미국의 프런티어가 개척과정을 거치면서 만들어낸 미국만의 정신이라고 강조하고 있다. 일부 역사학자들이 보는 관점에서는 미국의 프런티어는 유럽에서 이미 형성되어진 사상을 바탕으로 하여 형성된 사상에 불과하지 미국이 개척기에 만들어낸 정신은 아니라고 주장한다.

그러나 대부분의 역사학자들은 미국의 프런티어는 미국이 개척기를 통해서 형성된 새로운 정신이라는 것은 인정하고 있다. 이러한 역사학자들의 사상을 뒷받침한 정치인은 시어도어 루즈벨트 대통령이다. 그는 미국의 프런티어는 미국인이 개척기를 통해서 이루어낸 신화라고 주장하고 있다. 미국의 모든 역사학자들이 긍정적으로 받아들이는 부분은 미국의 프런티어는 미국인들이 동부에서 서부로 옮기면서 새로운 사상이 형성되어져 갔다는 것이다. 여기에 대해서는 유럽인들도 동의를 하고 있다. 미국은 동부에서 서부로 옮겨가면서 그들 나름대로의 새로운 정신이 형성되었다는 것은 사실이다.

미국인들의 프런티어는 유럽을 다 합친 만큼의 넓은 영토를 하나로 통합하는 과정에서 형성된 사상임에 틀림없다. 프런티어를 이해하기 위해서는 대중적인 서부영화에서 그 요소들을 찾아 볼 수가 있다. 넓은 황무지와 끝없는 사막과 아메리칸 인디언과 눈보라와 홍수와 야생말과 이동하는 포장마차 등을 연상해 볼 수 있다. 미국인들은 동부에서 서부로 개척을 하면서 인디언들과 치열한 싸움을 하고 한편으로는 텍사스 등에서 멕시코 인들과 전쟁을 통해서 미국을 합병해 나갔다. 이러한 과정을 통해서 그들은 개인주의와 협동정신과 강인한 팀워크 정신을 익혀 나갔다.

4 아리스토텔레스의 사상을 바탕으로 한 프런티어

미국의 프런티어는 아리스토텔레스에서 시작된 전체주의와 공리주의에 가깝다. 그들의 전체주의 정신은 팀워크 정신에서 찾을 수 있다. 미국인들은 개척기에 형성된 프런티어에서 팀워크 정신만 잘 되면 몇 사람이 로키산맥도 쉽게 옮길 수 있다고 생각했다. 미국인들이 만들어낸 프런티어는 그들이 즐기는 스포츠에서도 잘 나타나있다. 그들은 개척기에 인디언들과 땅따먹기를 하는 럭비 즉 미식축구에서 그들의 정신이 잘 나타나 있다. 미식축구는 그들의 선조의 고향인 유럽에서는 인기가 없다. 맨체스타 유나이티드 등 유럽축구는 미국인들 사이에는 별로 인기가 없으며 자신들의 자녀교육을 위해서는 주로 야구구경을 시키고 있다.

미국에서는 주말이면 부모들이 만사 제처 놓고 아이들을 데리고 야구 구경을 간다. 이것은 미국인들이 자녀들의 팀워크 정신을 심어주기 위해서이다. 모든 스포츠 중에서 야구는 개인기와 팀원 간의 협동을 모두 필요로 하는 운동이기 때문이다. 따라서 미국의 국민 스포츠는 야구이다. 미국이 자랑스러워하는 스포츠 영웅 마이클 조던 등은 단지 개인적인 기술을 높이 평가하는데 불과하다.

또한 미국인들이 개척기에 동부에서 서부로 가면서 가장 중요한 일은 자연을 제거해 나가야만 하는 일이었다. 자연을 극복하는 과정에서 그들은 유럽인들과 같은 안정된 생활을 할 수가 없었으며 남은 여가시간에는 반드시 일상생활에 도움이 되는 일을 활용하는 정신을 길렀다. 십수 년 전에 미국에서 인기리에 방영되었던 방송드라마 "초원의 집"은 개척기에 미국인들이 정착해서 살기를 희망하던 생활을 그린 것이다.

미국인들 사이에 산책이라는 말이 없다. 유럽에서는 많은 사람들이 산책을 즐기고 있으나 미국인이 걷고 있으면 그것은 반드시 운동과 관련된 조깅을 하고 있는 것이다. 또한 여가를 이용하여 가족들과 여행을 하는 경우에는 반드시 자녀들에게 무엇을 하나 얻어 오도록 요구하고 있다. 가령 바다가로 여행을 하는 경우는 바다는 극복해야 하는 장애물로 생각하고 수영을 배워서 오도록 강요하고 있다. 유럽인들은 바다에 가족들과 함께 여행을 하게 되면 순수한 낭만적인 마음을 길러서 안정적인 인간이 되는 것을 요구하고 있다.

미국인이 바다를 극복해야만 하는 장애물로 생각하는 정신과 유럽인들은 인간이 가져야 할 낭만적인 순수한 마음을 바다에다 맞추어 나가는 생각이 미국인들과 유럽인들의 차이점이다. 또한 CNN 방송을 통해서 미군 포로 한명의 구조는 미국 국민들이 사이에 가장 큰 뉴스로 보도하고 구출된 포로는 영웅대접을 해준다. 포로 한명의 목숨을 아끼는 정신은 미국인들이 개척기에 길러진 프런티어 정신인 것이다.

미국 프런티어를 만들어낸 초기의 두 사람의 대표적인 영웅을 생각할 수 있다. 프런티어는 영웅 다니엘 분이나 데이비 크로켓 등의 영웅들을 탄생시킨다. 다니엘 분은 미국 서부 발전의 원동력을 만들어준 미국 서부개척사의 영웅으로 기록되는 전설적인 인물이다. 크로켓은 텍사스의 샌 안토니오시에 있는 알라모에서 멕시코 군과의 치열한 전투 중에 전사한 남부발전을 위한 전설적인 영웅이다. 다니엘 분은 서부개척 정신을 창조해낸 인물이며 데이비 크로켓은 남부개척 정신을 창조해낸 인물이다. 여기에다 미국인들의 프런티어를 창조해낸 인물은 마크 트웨인이었다. 트웨인은 미국을 유럽으로부터 분리하여 그들을 서부로 눈을 돌리게 한 진정한 미국적인 작가이다. 그의 대표작 《허클베리 핀의 모험》은 그들이 서부개척에서 모험정신을 지속시켜 나가도록하는 새로운 프런티어를 열어주었다.

미국인들의 프런티어는 강한 남성 위주의 미국 사회를 대변하고 있다. 인디언이나 자연과의 싸움을 통해서 그들은 유럽 크기만 한 미국을 통합하기 위해서 서쪽으로 진군해 나갔다. 영국의 작가 클론 버클리는 "대륙은 늘 서쪽으로 향했지." 라는 구절에서 미국인들의 유럽인들과는 다른 프런티어 기질을 이해할 수가 있다.

클론 버클리의 말과 같이 그들은 동부 대서양에서 서부의 태평양에 도착하는 것이 그들의 영원한 꿈이었다. 그들은 많은 고난 속에서 드디어 태평양에 도착하여 프런티어 정신을 영원히 간직하기 위해서 대학을 세워서 학교의 이름을 버클리라고 불렀다. 그들의 선조들이 뉴잉글랜드 지방에 도착하여 청교도 정신을 영원히 간직하기 위해서 세운 학교가 하버드 대학과 같은 맥락에서 이었다.

현대 미국인들의 팽창주의 사상과 국제사회에서 미국인들의 태도를 형성하게 한 것은 그들이 개척과정에서 미국인들만이 경험을 통해서 얻은 프런티어 정신에서 찾을 수가 있다. 미국인들은 개척과정에서 세 가지 어려움을 겪게 된다. 하나는 원주민인 아메리칸 인디언들이 자신들의 영토를 지키겠다는 불굴의 의지에 부딪쳐서 아메리칸 인디언들을 설득시키는 작업이다. 다른 하나는 넓은 황무지를 개척해 나가기 위해서 과학이 발달하지 못한 미개한 국가인 아프리카에서 흑인들을 잡아와서 부려먹는 일이었다. 여기에다 텍사스와 캘리포니아의 주인인 멕시코 사람들을 몰아내는 일이었다.

개척기부터 프런티어는 인디언의 땅을 빼앗아서 아프리카 흑인들의 노동력을 이용하였다. 이웃집인 멕시코인들을 몰아내고 주인행세를 해야 했다. 또한 인종간의 분쟁에서 우등한 인종이 열등한 인종으로부터 승리하여 착취를 하는 과정에서 미국인들이 승리하기 위해서 경험해낸 정신이 바로 프런티어라고 규정지을 수 있다.

따라서 미국의 초기 프런티어는 원주민인 인디언과 덜 진화된 인종이라고 미국인들이 간주하고 필요한 노동력으로 사용한 아프리카로부터 잡아 온 흑인과의 관계이었다. 또한 여러 가지 면에서 부족하고 약한 이웃인 멕시코인들을 쫓아내는 과정이 바로 미국인들의 초기 프런티어 형성기이었다.

5 침략사상으로 변한 프런티어

국내적으로는 더 이상 뻗어나갈 수가 없기 때문에 국제적으로 눈을 돌려서 만들어내 팽창정책이 바로 두 번째 미국인들이 형성한 프런티어라고 규정할 수 있다. 다음으로 미국인들이 패권을 쥔 이후 뉴 프런티어라는 이름으로 새롭게 팽창정책을 추진해 나가는 과정을 세 번째 단계의 프런티어라고 규정지을 수 있다.

초기의 프런티어는 산업혁명으로 인해서 과학과 기술적인 차원에서 절대적으로 앞서가던 유럽인들이 유럽크기만한 신천지 땅을 개척해 나가는데 수천 년 동안 살아온 인디언들을 제거해 나가는 일이 그들의 가장 큰 숙제이었다. 미국인들이 가지고 있었던 것은 당시로서는 최신식 무기인 총과 대포와 증기 군함들을 들 수 있다. 인디언들은 구식 무기인 활과 칼뿐이었다. 따라서 인디언과의 싸움은 최신무기를 보유한 미국인들에게 절대적인 우세 속에서 시작되었다.

미국인들과 인디언과의 관계는 처음부터 의심과 갈등과 전쟁의 연속이었다. 초기의 인디언들은 유럽인들을 절대적으로 환영하였다. 인디언들은 자신들과 다른 피부에 멋있는 칼을 허리에 차고 신사적인매너로 대하는 유럽인들에게 인디언들은 교역을 하기를 원했다.

유럽인들이 접촉한 인디언 부족들은 버지니아에 있는 포하탄 부족들이었으며 얼마 후 영국인 존 롤프가 포하탄 부족의 추장 딸과 결혼을 함으로써 인디언과 미국인들의 관계는 우호적으로 되어갔다. 지금의 버지니아주는 처녀라는 영어의 버진에서 나온 말로서 유럽인들이 처음 인디언들과 공조하면서 생활했다는 의미에서 붙여진 이름이다.

인디언들의 도움으로 버지니아에서 담배 재배로 영국인들은 어느 정도의 성공을 거두었다. 이때부터 영국인들이 몰려들기 시작하였다. 문제는 유럽인들은 신천지 땅에 사는 인디언들에게 면역성이 없는 여러 가지 질병을 가지고 들어오게 되었다. 유럽인들이 가지고 온 질병으로 인해서 인디언들은 몰사하게 되었다. 유럽인의 질병은 자연을 숭배하는 인디언들에게는 없애야만 한다는 의식에 사로잡혀 있었다. 얼마 후 포하탄의 젊은 새 추장 오페칸 카노우는 유럽인 마을을 습격하여 마을 주민의 절반 가까이를 살해해 버렸다. 여기에 신변의 위협을 느낀 유럽인들은 민병대를 조직하기 시작하였으며 이때부터 인디언과의 처절한 싸움이 계속되었다.

인디언과의 전쟁은 백인과 인디언 모두 상당한 피해를 초래하게 되었다. 그 결과 1646년 버지니아 인디언과 미국인들 간에 처음으로 공식적인 협상이 이루어지게 되었다. 또한 대부분의 땅은 미국인 소유의 땅으로 되었다. 이때부터 이 협상이 하나의 모델이 되어서 미국인들과 인디언간의 협상은 대부분 이 모델을 따르게 되었다. 이때부터 인디언들은 서쪽으로 점차적으로 밀리게 되었다.

인디언들은 유럽에서 몰려온 백인들의 숫자가 점차적으로 늘어나면서 불안감이 가중되었다. 자신들 소유의 영토에 침입한다는 명목으로 백인들의 거주지를 무차별 습격하게 되었다. 반면에 백인들은 경작할 땅을 만들기 위해서 인디언들 소유의 땅을 무단으로 침입하게 되면서 처절한 전쟁은 오랫동안 계속되었다. 유럽에서 건너온 백인들의 땅에 대한 욕심은 결국 처참한 전쟁도발을 초래하였다. 인디언들은 자신들의 거주지를 포기하고 서쪽으로 도망을 하였다. 땅에 대한 미국인들의 욕심의 대표적인 사건은 1676년에 일어난 베이컨 반란에서 알 수 있다. 베이컨은 동부의 영국 주민들을 이끌고 버지니아 인디언들을 습격하여 많은 인디언들이 살해된 전형적인 땅에 대한 욕심이 가져온 사건이었다.

초기에 영국인들이 인디언을 두 가지 이유에서 제거시키려고 하였다. 첫째는 인디언들은 그들이 서부로 개척해 나가는데 방해를 하는 가장 큰 걸림돌이었다. 미국인들의 땅에 대한 욕심에 대해서 주인행세를 하는 인디언을 그들은 무력으로 제거해 나가지 않으면 안 되었다. 두 번째 이유는 미국인들은 자신들이 인디언보다 진화된 인종이며 인디언들은 야만인이라는 의식이 머릿속에 자리를 잡고 있었다. 특히 인디언들은 모계 중심의 사회를 형성하고 있었기 때문에 부족회의에서는 여자가 결정권을 가지고 있었다.

이러한 인디언들의 조직 형태에 대해서 유럽인들은 이해할 수 가 없었으며 자연 숭배에 대해서도 자연을 이용가치로 생각하는 유럽인들에게는 이해할 수 없는 일이었다. 따라서 미국인들이 보기에는 인디언들은 악의 화신으로 생각하고 인디언을 죽이는 일은 악을 제거해 버리는 일로 생각하고 힘든 일로 생각하지 않았다.

미국인들은 자신들에게 순종하는 형인 인디언들과 적대적으로 공격하는 형태의 인디언으로 분류하고서 그들을 잘 이용하였다. 애팔래치아 산맥의 스모키 마운틴 등을 중심으로 하여 거주하는 체로키 인디언들은 미국인들에게 잘 동조하는 협조적인 순종형 인디언 들이었다. 체로키 인디언들은 스모키 산맥 주변에서 수천 년간 내려온 인디언 부족 중에서 가장 점잖은 인디언들이었다. 그들은 처음부터 유럽인들과 화합하여 그들에게 자신들의 땅을 양보 하였다. 이러한 체로키족들의 순한 성격을 이용하여 말썽을 일으키는 이웃 사우스캐롤라이나의 야마스족을 제거하였다. 야마스족은 미국인들에 동조를 거부하는 종족으로 그들이 개척해 나가는데 걸림돌이었다. 자신들과 협조관계를 유지하고 야마스족의 적인 체로키족을 이용하여 야마스족을 소멸시켜 버렸다.

청교도들의 꿈은 신천지 땅에 하느님이 원하는 종교적인 국가를 건설하는 일이었다. 청교도들은 하느님이 원하는 지상 낙원을 건설하기 위해서는 인디언들을 기독교로 개종시키려고 노력 하였다. 인디언들이 보기에도 청교도 인들은 토지에 대한 야심이 없다는 것을 알고서 이들과 상당히 가까운 관계를 유지해 나갔다. 그러나 문제는 대부분의 인디언들은 기독교로 개종할 의사를 가지고 있지 않았다.

그들은 수천 년 간 조상 대대로 물려 받은 고유의 종교를 그대로 지켜 나가기를 원하고 있었다. 그 결과 청교도 인들의 인디언에 대한 기독교 개종효과가 없자 인디언들은 악마의 자손으로 간주하였다. 1636년 개종에 가장 반발한 피쿼트족부터 공격하여 엄청난 인디언들이 살해 되었다. 이후 청교도인들은 지속적으로 여러 인디언 족을 공격하여 많은 인디언 부족들이 멸족하는 현상을 초래하였다.

남북전쟁이 시작되던 시기를 기점으로 미국에는 약 30만 명 정도의 인디언 들 중에서 약 20만 명 정도가 서부에 거주하고 있었다. 이 당시는 벌써 미국의 프런티어는 초반기를 넘어서 성숙기에 접어드는 시기에 도달하였다. 미국인들은 그들의 거주 지역을 제한시키고 인디언들의 땅을 몰수 하였다. 여기에서 일부 용감한 인디언들이 백인들과 치열한 전투를 벌이다가 결국 몰살당하는 역사적인 사건들이 있었다. 그중에서도 대표적인 사건은 다코다 지방의 수우 족과 애리조나 지방의 아파치 족이다. 수우 족의 추장 시팅 불과 아파치 족의 추장 제로니모 두 사람의 인디언은 전설적인 영웅으로 기록되고 있다.

1861년 남북전쟁이 시작될 무렵 미네소타의 수우 족이 약 700여명의 백인을 살해함으로써 미국은 38명의 수우 족을 공개 처형시켰다. 동시에 다코다 지방으로 추방하면서 수우 족과 백인 들 간의 처절한 역사적인 싸움이 계속 되었다. 추방된 인디언 수우 족의 추장 시팅 불은 1876년 기마대를 조직하여 82명의 미국인들을 살해하였다. 여기에 맞서 미군은 몬테나에 거주하고 있던 수우 족과의 전투를 벌여 수우 족을 거의 전멸시켜 버렸다. 또한 남부의 아파치 족은 1860년대부터 1880년대까지 수시로 반란을 일으켰다. 아파치 추장 제로니모는 미군과 끝까지 전투를 벌이다 아파트 족이 거의 몰살 당하였다.

미국인들이 처음으로 이주해온 1600년대 초에만 하여도 북미 지역에 인디언들의 수는 1천만 명 정도이었으며 그들이 기르던 물소인 버펄로는 약 2천만 마리가 있었다. 그러나 약 200년 사이에 9백만 명 이상이 살해되어 버렸다. 현재 북미 전 지역에 인디언 숫자는 1백만 명 정도에 불과하며 버펄로는 찾아 볼 수가 없게 멸종되어 버렸다.

인디언과의 싸움에서 미국인들은 자신들의 하부구조를 형성하고 있는 프런티어를 창조하게 되었다. 다음단계는 인디언으로부터 빼앗은 땅을 경작하기 위한 노동력이 필요했다. 유럽 크기만 한 넓은 토지를 경작하기 위해서는 유럽인들만으로는 절대적으로 부족하였다. 특히 남부지방에 정착한 사람들은 담배농상사와 쌀농사를 주로 하여 유럽에 수출하였다. 쌀과 담배농사는 특히 노동력을 필요로 하였다. 여기에서 백인들이 이용한 노동력은 아프리카 인디언들이었다. 만약 아프리카 사람들의 피부가 유럽인들과 같이 백인들이었더라면 미국의 프런티어는 아마 새로운 방향으로 발전하였을 것이다. 그러나 흑인의 고용은 결국 인종문제를 초래하고 흰것은 선이고 검은 것은 악으로 간주하는 유색인종에 대한 인종차별의 결과를 가져오게 되었다.

영국은 1663년 찰스 2세 때부터 아프리카의 노예무역에 뛰어들었다. 이미 1백 년 전부터 스페인은 아프리카의 노예무역을 하여 서인도의 농장에 아프리카 흑인들을 투입하였다. 초기에는 영국은 스페인이나 포르투갈처럼 큰 규모로 노예무역을 하지 않았다. 신천지 미국이 성장하는 속도가 빨라지면서 노예를 수입하는 규모도 점차적으로 커지기 시작하였다. 18세기 말까지 약 6백만 명 정도의 아프리카 흑인들을 미국으로 수출하였다. 초기 17세기 중반까지 수입된 흑인들은 버지니아와 메릴랜드에 18세기에는 노스캐롤라이나와 사우스캐롤라이나에서 일을 하였다.

신천지 땅에 흑인 노동력의 필요성이 급속히 늘어나면서 미국인들은 노예를 집에서 기르는 말이나 소 정도의 가축으로 취급하기 시작하였다. 초기에는 그들은 계약제를 맺어서 일정한 기간이 지나면 해방이 되어서 나름대로의 상업이나 임금제 노동일을 할 수가 있었다. 그러나 노예의 숫자가 많아지고 그들을 관리하기 위해서는 그들에게 인간적인 대우를 하게 되면 흑인들이 더 많은 요구를 하고 기어오른다는 생각을 하게 되면서부터 노예에 대한 탄압은 한층 더 강화되었다.

아프리카에서 잡혀서 황금해안까지 수천리를 걸어서 끌려오는 과정에서 5명 중에서 2명은 생명을 잃어버렸다. 그리고 약 한 달 동안 특수 제조된 노예선에 꼼짝 못 하게 하늘만 바라볼 수 있도록 하였다. 노예들을 아프리카 대륙에서 미국까지 운반하는 과정에서 상당한 흑인들이 죽어갔다. 남부에서 목화 재배 등을 위하여 더욱 많은 노예가 필요하게 되었다. 한번 노예는 영원히 죽을 때까지 노예의 신분으로 있어야 하며 그들의 자식들은 자동적으로 노예가 되었다. 검은 피부를 가진 인종은 모든 면에서 덜 진화된 인종으로서 검은색은 악을 응징하게 되었으며 흰색만이 선을 대변하게 만들었다.

흑인들에 대한 통제의 범위를 점차적으로 강화시켜 나가면서 흑인들은 단지 움직이고 있는 재산에 불과하였다. 그들은 결혼도 돼지나 소를 양성끼리 교배 붙여서 우성을 골라내듯이 체격이 크고 튼튼해야만 결혼을 시켰다. 그래야만 그들은 농장에서 많은 일을 시킬 수가 있었기 때문이다. 서인도제도의 농장에서 일하는 흑인 노예들보다는 미국 흑인 노예들의 평균 수명이 높았던 원인은 영국인들이 이들에게 건강진단을 잘했기 때문이다. 이유는 흑인들이 바로 자기들의 재산 목록에 들어있기 때문에 재산관리 차원에서 흑인들의 건강을 잘 관리해 나갔다.

흑인들은 북부에 거주하는 노예와 남부에 거주하는 노예들 간에는 인간적으로 다른 대우를 받았다. 북부의 노예들은 가내공업에 종사하는 사람들에게 도와주는 정도의 일을 하였다. 따라서 흑인들은 주인을 도와주는 정도에 지나지 않았기 때문에 자신들은 백인문화에 쉽게 동화되었다. 반면에 남부의 조지아와 캐롤라이나에서는 쌀 생산에 흑인 노예들을 이용하였다. 이 지역에서의 쌀 생산의 성공은 더욱 많은 노예가 필요로 하게 되었다. 흑인들의 숫자가 점차적으로 증가하면서 흑인의 백인에 대한 비율이 삼분의 일을 넘어서게 되었다. 흑인 단속법은 강화되고 흑인들은 혹독한 학대를 받았다. 백인들이 수적인 열세에 몰리게 되면서 흑인에 대해서 보다 강압적인 조치를 취하자 흑인들은 견디다 못하여 도망을 가거나 주인을 살해하는 경우가 허다하게 발생하게 되었다.

흑인이 주인인 백인에게 도전하는 경우는 고문을 하거나 교수형에 처해서 그늘의 머리를 마을 중심부에 걸어 놓고서 흑인들에게 전시를 하였다. 특히 남부의 조지아주나 사우스 캐롤라이나주의 경우는 흑인이 백인의 수를 능가하였기 때문에 보다 혹독한 방법으로 흑인들을 대하였다. 흑인과 백인들의 갈등은 인디언과 백인과의 관계와는 다른 양상을 나타내었다. 인디언은 자신들이 원래의 땅의 주인으로 생각하고 자신의 땅을 지키려는 정신을 가지고 이민자를 이방인으로 생각하였다. 반면에 흑인의 경우는 백인과 피부색깔 문제를 가지고 백인과 흑인간의 갈등 양상을 보였다.

아프리카에서는 완전히 다른 언어와 종족을 가지고 있었으나 일단 미국에서는 그들은 검은 피부라는 동족의식을 가지고 있었다. 흑인들에 대한 문제가 커지자 흑인들을 다시 아프리카로 돌려보내자는 움직임이 일어나기 시작하였다. 헨리 클레이 등의 정치인들은 신생국 라이베리아로 흑인들을 돌려보내자는 운동을 전개해 나갔다. 국내에서 인디언과 흑인 및 백인간의 인종갈등을 비롯한 복잡한 문제는 국외에서는 국제사회에서 편 가르기와 철저한 힘에 의한 약육강식의 기본사상을 형성하게 되었다.

6 철저한 약육강식의 기본사상으로 변한 프런티어

앞에서도 언급한 바와 같이 미국의 프런티어는 세 단계를 거치면서 발전하게 된다. 첫 번째 단계의 프런티어는 인디언과 아프리카 흑인에 대한 침략행위를 토대로 형성되어진다.

첫 번째 프런티어는 유럽과는 다른 형태의 철저한 윤리와 도덕에 바탕을 둔 청교도 정신에 의한 금욕주의 정신을 바탕으로 한 프런티어 정신을 형성하고 있다. 인디언을 그들은 하느님에게 소개하기 위해서 기독교를 믿도록 노력을 하였다. 자신들도 청교도 정신에 의한 철저한 금욕생활을 요구하면서 신천지에서 지상의 낙원을 설계하였다. 초기의 프런티어 사상을 나타내는 소설은 다니엘 호손의 주홍글씨에 잘 나타나고 있다.

미국인들은 인디언에 대한 기독교 전파의 실패와 함께 인디언들에게 적대감을 가지기 시작하였다. 기독교 정신인 명백한 운명에 위배된 인디언들은 없애야만 한다고 생각하였다. 따라서 미국인들에게는 없애야만 하는 악으로 간주하고 아무런 양심의 가책도 느끼지 않고서 철저하게 없애 나갔다.

미국인들은 서부로 개척해 나가면서 터득한 지식은 바로 자연에 대한 낭만의 상실과 협동정신이었다. 유럽인들은 자연을 바라보면서 자연의 신비함과 아름다움을 노래하였다. 그러나 미국인들은 자연은 극복해야 할 장애물로 생각하였다. 서부로 개척해 나가는데 자연은 방해가 되었다. 미국인들의 이러한 사상을 나타내는 소설은 허만 맬빌의 흰 괴물 고래를 소재로 한 백경 즉 모비딕에 잘 나타나 있다. 유럽인들에게는 대서양의 푸른바다는 자연의 아름다움과 신비함을 나타내는 낭만이었다. 그러나 미국인들에게는 바다는 넘어야 할 장애물에 불과하였기 때문에 넓고 푸른 바다에 괴물 고래를 넣어서 반드시 싸워서 없애야 할 장애물로 생각하였다.

미국의 프런티어는 마크 트웨인의 허클베리 핀에서 미국인들의 모험심을 보여주고 있다. 서쪽으로 진군하기 위해서 그들에게 필요한 것은 모험심 이었다. 제일 단계에서 형성된 프런티어는 미국인들에게 협동심과 단결력을 불어 넣었다. 미국인들이 자랑하는 프런티어의 본질은 협동정신과 팀워크 정신이었다.

앞에서 설명한 바와 같이 미국인들이 주말이면 다 제쳐놓고 아이들을 데리고 스포츠 구경을 가는 이유는 바로 팀워크 정신을 길러주기 위해서이다. 유럽이나 다른 나라에는 흥미가 없는 럭비 즉 미식축구는 미국인들만이 열광하는 최고의 인기 스포츠이다. 미식축구는 바로 미국인들이 개척기에 만들어낸 땅따먹기 시합이기 때문에 개척기부터 그들만이 가지고 있는 스포츠이다.

앞에서 말한바와 같이 미국인들이 초기 프런티어에서 배운 것은 팀워크 정신의 중요성이었다. 그들은 팀워크 정신만 잘되면 전 세계도 쉽게 정복할 수 있다는 생각을 가지고 있다. 팀워크 정신은 동료 한사람의 생명을 중요시하면서 동료가 다치는 경우 끝까지 업고서 데리고 간다. 서부개척 영화를 통해서 이러한 장면을 자주 볼 수 있다. 우리가 현재 CNN 방송을 통해서 미군들이 헬리콥터를 타고 테러리스트들로부터 미군포로들을 구출하는 작전을 벌리고 한편 구조된 포로는 영웅으로 취급하는 것은 미국인들이 초기에 형성된 프런티어의 기질인 것이다. 반면에 적들인 이라크인들 수천 명이 죽는 것보다 미국인 한사람이 부상당하는 것을 더 안타까워하는 이유는 초창기에 인디언들을 악으로 생각하고 반드시 없애야 한다는 초기의 프런티어에서 유래된 사상이다.

초기의 동부에서 서부로 개척해 나가면서 인디언 및 자연과의 싸움에서 터득한 프런티어가 제1기의 프런티어인 것이다. 미국은 제1기의 프런티어 정신을 발판으로 국제무대로 개척해 나가기 시작한다. 제2기의 프런티어는 미국이 패권국 영국의 식민지에서 자신이 패권국으로 다가가는 단계까지의 과정에서 형성된 프런티어인 것이다.

1776년 영국에서 독립되어서 1945년 2차 세계대전 전까지를 프런티어 형성의 제2기라고 할 수 있다. 미국은 독립영웅 워싱턴의 고별연설에서와 같이 처음부터 유럽과의 단절을 선언하고 나섰다. 유럽국가들 간의 경쟁과 식민지 쟁탈전 등에 개입하기를 원하지 않았다. 이것은 미국이 유럽의 강대국들과 경쟁 상대가 되지 못한 신생국에 불과하기 때문이었다.

초대 대통령 조지 워싱턴의 고별연설은 유럽국가 들은 서로간의 경쟁과 견제 속에 있기 때문에 미국이 유럽에 휩쓸리면 발전을 할 수가 없다. 그 결과 유럽과의 단절을 선언 하였으며 2대 대통령 아담스와 3대의 토마스 제퍼슨 대통령에게도 그대로 적용 되었다. 특히 제퍼슨은 나폴레옹이 유럽 전역을 휩쓸고 있을 때 후에 먼로선언을 한 제임스 먼로를 특사로 영국에 파견하여 나폴레옹 전쟁에 대한 불개입 선언을 하였다. 다음 대통령인 제임스 먼로는 공식적으로 1823년 먼로선언을 하면서 유럽과의 단절이 공식화되게 되었다. 초기에 미국이 유럽과의 단절을 선언한 여러 가지 이유 중에서 미국인들이 가지고 있는 자신들은 유럽과는 다른 하느님으로부터 선택된 우월주의와 예외주의가 크게 작용을 하였다.

미국은 지리적으로 대서양을 사이에 두고 있었기 때문에 미국의 고립정책은 효과가 있었다. 초기의 먼로대통령의 먼로선언은 미국이 유럽과는 다른 외교정책을 추진한다는 것을 보여 주었다. 미국은 상당히 오랫동안 먼로의 고립정책을 추구하면서 1812년의 영미전쟁의 영웅 앤드류 잭슨 대통령은 국내 팽창정책으로 인디언에 대한 가혹한 행위 등 국내문제에만 적극적으로 통합 정책을 추진해 나갔다. 1873년부터 세기말까지 계속된 유럽의 경제 불황은 런던증시에서 뉴욕증시로 중심지가 옮겨가면서 세계의 경제중심지가 영국에서 미국으로 옮겨가게 되었다.

19세기의 미국의 팽창정책은 국무장관 윌리엄 시워드를 미국 역사의 영웅으로 기록하게 만들었다. 시워드의 역사적 공헌은 1867년 알래스카를 러시아로부터 매입함으로써 패권국으로서 본게임에 진출하는데 결정적인 역할을 하였다. 시워드의 목표는 북쪽은 빙하가 있는 곳에 있었다. 알래스카는 단돈 7백 2만 달러 즉 1에어커 당 2센트라는 부동산 거래로서는 역사상 최저의 가격이었다. 처음에는 미국인들은 이 아이스박스를 사들인 시워드를 바보라고 불렀으나 알래스카에서 금광이 발굴되고 석유가 매장되어 있는 유전이 발견됨으로서 알래스카에 대한 세계의 관심은 새로워졌다. 특히 미국은 알래스카를 도전 국 러시아의 도전에 대비해서 이곳을 군사적 전략기지로 이용함으로서 러시아를 심리적으로 압박할 수 있었다.

시워드는 알라스카는 아시아로 진출하는 최직선 코스이기 때문에 아시아 국가들과 유럽국가들 간의 각축장이 될 것이라고 예상했다. 시워드는 미국의 팽창주의의 꿈을 세계인의 꿈으로 바꾸어 놓았다. 그의 꿈은 전 세계에 공화주의 정신인 민주주의 사상을 아시아와 유럽에 전하는 일이라고 생각하면서 미국의 팽창주의를 인류의 발전에 초점을 맞추어 나갔다. 시워드의 목표는 해군력의 증강에 두었다. 그의 군사정책인 해군력 증강은 그 후의 시어도어 루즈벨트 대통령과 그의 해군보좌관이자 지정학자 알프래드 마한에 의해서 본격적으로 추진되었다.

19세기 말까지 미국은 특별한 외교정책은 추진하지 않았다. 경제적 투자국인 스페인 식민지 쿠바와 본국인 스페인 간의 분쟁에 개입하게 되었다. 1898년 미국이 스페인에게 선전 포고를 하여 불과 수개월 만에 미국은 유럽의 강대국인 스페인을 몰락시켰다. 미서전쟁으로 인해서 미국은 태평양국인 필리핀까지 진출할 수 있었다. 더불어 하와이도 합병하면서 당시 미국의 숨은 팽창주의는 영국인 작가 러드야드 키플링의 《백인의 의무》에서 잘 나타나고 있다. 스페인 전쟁의 승리는 미국이 숨겨왔던 침략적인 기질을 발휘할 계기를 마련하였다. 20세기가 시작되면서 세계의 경제중심지는 미국으로 옮겨지게 되었으며 유럽에서는 힘의 균형이 깨어지고 있었다.

비스마르크의 철혈정책에 힘입어서 독일이 통일과 함께 유럽에서는 최강대국으로 부상하였다. 20세기 전반기에 미국인의 숨겨진 프런티어를 세계에 발휘할 우드로우 윌슨과 프랭클린 루즈벨트 두 사람의 대통령을 탄생시킨다. 윌슨과 루즈벨트는 완전히 다른 사상을 가지고 있기는 하지만 근본적인 사상은 같다고 할 수 있다. 세계 1차 대전을 종결시킨 윌슨은 약소국 보호주의의 이상주의 정책을 추진한 반면 루즈벨트는 힘을 중시한 현실주의자이었으나 두 사람 모두 미국의 국익을 우선시한 인물이었다. 이 기간 동안 미국은 전면에 나서지는 않았지만 사실상 도전 국인 독일을 완전히 패망시키고 패권국으로서의 위치를 확고히 하였다. 이 기간 동안 미국은 겉으로는 건국 초기의 기본원칙인 유럽 불개입의 원칙을 기본원칙으로 하기는 했으나 내적으로 강대국 죽이기 작전을 추진해 나갔다.

미국 프런티어의 제 3단계는 2차 세계대전 이후의 패권국으로서의 팽창정책이다. 패권국의 식민지로서 출발하여 독립 된지 2세기도 채 되지 않은 국가가 세계 패권국으로서 성장하였다. 미국은 미국인들이 자랑하는 프런티어가 팽창정책임을 보여주기 시작하였다. 2차 세계대전 이후 패권국이 된 미국은 초기 개척기에 사막에서 인디언들과 싸우던 기질인 프런티어를 국제사회에서 발휘하기 시작하였다.

7 제로 섬 개임의 프런티어

미국은 세계를 우선 두 개의 편으로 나누어서 세계를 제로 섬 개임으로 이끌어 나갔으며 도전 국과 우주전쟁까지 하였다. 미국은 과거의 전력을 묻지 않고 미국편에 서는 국가에 대해서는 선이며 이차대전에는 미국과 같은 편에 섰던 소련을 비롯한 공산주의 국가는 악으로 규정하였다. 미국 서부 영화 백주의 결투로 알려진 "하이 눈"은 보안관 미국이 약소국을 보살피기 위해서 프런티어 정신을 발휘하는 것을 세계인들에게 보여 주었다. 쿠바사태로 소련과 싸우면서 뉴프런티어 정신을 발휘한 존 에프 케네디 대통령은 근대 영웅으로 대접하였다.

프런티어는 뉴 프런티어라는 새로운 용어로 정치인들은 항상 사용하고 미국인들은 가장 자랑스럽게 생각하게 되었다. 국제사회에서 전쟁에 흥미를 잃은 프런티어는 우주전쟁으로 전환하여서 서부개척 대신에 달이나 화성의 개척을 목표로 추진해 나갔다. 외계인들과의 전쟁을 소재로 한 "스타워즈"는 미국인들에게 가장 오랫동안 인기순위 최고로 방송되었다. 이것은 미국인들의 새로운 프런티어를 예고하였다.

그러나 미국인들은 우주에 대한 개척과 우주인들과 전쟁은 하나의 공상에 불과하다는 것을 알고서 실망한 나머지 프런티어를 섹스 등 다른 곳으로 바꾸어 버렸다. 영화 "뜨거운 것이 좋아"를 비롯하여 섹스 심벌인 마릴린 먼로 등이 미국의 역사의 상징으로 등장하게 되었다. 프런티어를 발산할 기회를 잃어버린 미국인들이 보여준 마약과 히피, 반전 등 여러 가지 행위는 간접적인 프런티어의 발산인 것이다.

예술분야에서도 니체의 비합리주의와 로티의 반 본질주의, 푸코의 권력, 데리다의 해체주의, 바흐친의 카니발, 그람시의 헤게모니 등도 엄밀한 의미에서 프런티어를 발산할 기회를 잃은 상실감에서 표출된 결과라고 할 수 있다. 프랑크푸르트학파의 창시자인 허버트 마르쿠제의 《일차원의 인간》은 바로 프런티어에 대한 향수를 그리는 미국인들을 좌절된 삶을 표현하고 있다.

미국의 프런티어는 9.11테러를 기점으로 다시 살아난 것이다. 미국인들은 자신이 가지고 있는 프런티어를 발산할 기회를 잡은 것이다. 중동의 테러리스트들은 과거 자신들의 땅이라고 주장하면서 먼저 싸움을 걸어온 포하탄 인디언 족들이나 후반기의 체로키, 수우, 아파치족 인디언 등 미국이 개척기에 싸웠던 인디언들을 연상하였다. 사막에서 중동의 테러리스트들과의 전쟁을 벌이고 있는 것이다. 인디언들이나 유럽인들이나 모두에게 항상 명분을 끌어내어서 그 명분에 맞추어서 침략을 하고는 반드시 나중에 큰 덕을 보는 것이 미국 프런티어의 특징이다.

기존의 역사를 보더라도 두 차례의 세계대전에는 1차와 2차 세계대전이 다 끝나갈 때 참전하여 전 세계의 삼분의 이에 해당하는 국가에 간섭할 수 있는 이권을 얻게 되었다. 2차 세계대전 이후에는 삼분의 일을 지배하는 소련이 자신의 위성국들에 대해 자유권을 침해한 1953년의 동독사태, 56년의 헝가리, 68년의 체코 및 81년의 폴란드사태 등 도전 국이 행한 행위에 대해서는 아무런 이익이 되지 않는다는 것을 알고서 관여를 하지 않았다. 이것은 프런티어는 항상 자국의 팽창정책에 이익이 되는 곳에만 나타난다는 것을 보여준 역사적인 사실이다.

9.11테러 이후 미국은 중동의 테러리스트들 뿐만 아니라 동티모르 분쟁사건, 코소보 인종청소문제, 아프리카 난민 문제, 아프간, 이라크, 팔레스타인과 이스라엘 전쟁, 북한의 핵개발 저지 등 세계에 어느 곳에 간섭하지 않는 곳이 한 군데도 없다. 우리는 CNN 방송을 통해서 미군들이 무장을 하고서 헬리콥터를 타고 이동하여 배치되는 것을 계속해서 볼 수 있다. 미국인들은 이러한 자국의 해외에서의 행동에 대해서 즐거워하고 과거의 프런티어를 재연한다는 생각을 가지고 있다.

군사적인 차원에서 조지 부시는 이미 다국적 기업은 전 세계의 도움을 필요로 하지만 미국은 세계의 각국의 도움이 없이도 전쟁을 할 수 있다는 선언을 하였다. 미국의 세계에 대한 군사전략은 케인즈 식 군사전략이다. 이것은 어느 국가의 요구에 의해서 군사적인 행동을 하는 수동적인 군사적 행위에서 미국이 필요하면 언제든지 군사적 행동을 하는 전략으로 바꾸었다. 이것은 자세하게 분석하면 케인즈의 경제이론인 공급사이드에서의 군사 정책이라고 할 수 있다.

군사적인 행동이 필요하지 않더라도 만들어서 군사적인 행동을 하겠다는 전략으로 해석할 수 있다. 따라서 미국의 군사적인 행동은 중동의 이란과 북한 등 적대관계에 있는 국가에 대해서 필요에 의해서는 언제든지 공격을 할 수 있다는 것을 의미한다.

미국의 프런티어와 관련하여 국제관계적인 차원에서 생각해 볼 수가 있다. 미국은 유럽과는 차별화를 선언하면서 세계에서 주도권을 잡기위해서 많은 노력을 계속해 왔다. 이 과정에서 미국은 강대국들이 노골적으로 나타내는 제국주의 근성은 감추고서 나타내지 않았다.

국제연합과 유엔창설을 미국이 주도해 나가면서 미국은 전 세계를 평화와 기독교 사상인 사랑을 바탕으로 하는 외교정책을 펴 나갔다. 윌슨의 민족 자결주의와 2차 세계대전 이후 세계는 미국이 현재까지 내심이 아닌 겉으로 보여준 자유 진영 대한 약간의 헌신은 미국을 어느 정도는 평화 수호국으로 인정하고 있었다. 그러나 중동에서 시작된 반미는 현재 전 세계로 확산되고 있으며 원인은 미국의 프런티어의 사상이 침략사상의 망령으로 변해버렸기 때문이다.

미국인들의 군화 발이 전 세계로 번져 나가는 것을 세계인들은 CNN뉴스를 통해서 생생하게 보고 있으며 미국인들은 미국과 다른 나라와의 전쟁을 즐기고 있다. 존 에프 케네디에 의해서 만들어진 뉴프런티어는 소련과의 대결과 우주정복에 희열을 느꼈다. 그러나 우주정복은 미국인들의 프런티어에는 현실과 먼 공상에 불과했다. 미국인들은 프런티어를 성욕으로 바꾸었다는 사회학자이자 《고독한 군중》의 저자인 데이비 리즈만의 말과 같이 여기에 만족하지 못했다. 그러던 중 미국인들은 드디어 프런티어를 발휘할 절호의 찬스를 맞은 것이다. 그것은 바로 이라크와 아프가니스탄의 공격과 반미주의자들과 전쟁인 것이다.

미국인들은 이제 지루하던 삶에서 해방되어서 테러와의 전쟁이라는 명분을 만들어서 침략전쟁을 계속해 나가고 있다. 미국인들이 침략전쟁을 계속하면 할수록 반대로 미국인은 세계에서 더욱더 외톨이 신세로 전락해 가고 있다. 이러한 추세로 나가면 미국은 앞으로 머지않아 국제사회에서 신뢰성을 잃어버린다.

국제사회에서 미국의 반미감정에 대해서 미국인들 중에서 반성하는 사람들이 증가하면서 미국내부에서도 분열현상이 일어나고 있다. 최신작인 앤드류 델반코의 《사탄의 죽음》에서는 미국인들이 악에 대한 감정을 상실한 것에 대해서 반성하고 있다. 미국에 대한 국제사회에 신뢰성 상실은 결국에는 강대국에서 물러서는 길로 들어서게 될 전망이다.

8 일본의 사무라이가 프런티어를 이기지 못하는 한계점

앞에서 자세하게 설명한 미국의 프런티어의 약화와 더불어 일본의 사무라이가 미국의 프런티어를 이길 수 없는 한계점은 무엇인가.

사무라이 정신에서 일본은 일본만 좋아하고 다른 나라는 싫어하는 한계성을 가지고 있다. 이러한 사무라이 정신은 일본이 과거 춘추 전국 시대부터 길러온 군주와 자신의 국가만 생각하는 강한 국수주의 사고 때문이다. 미국과 달리 섬나라 근성은가지고 있지만 전반적인 포용력이 부족한 섬나라 민족성 때문에 사무라이는 세계 패권국이 될 가능성이 극히 희박하다.

과거 패권국들을 역사적으로 고찰하면 로마는 모든 주변 국가들과 정복 국들에게 잘 해 주었다. 영국 역시 그랬다. 현재 미국 역시 다민족을 잘 포섭하고 포용하는 정책을 추진해 나갔다.

과거 일본은 자신의 주변국들에 대한 행적이나 현재 일본 내에 있는 소수민족에 대한 대해서 편견적인 사고를 가지고 있다. 이러한 일본의 사무라이적인 좁은 사고와 정신으로는 세계 패권국이 된다는 희망은 접어야만 하며 또한 될 수가 없다. 과거 한국을 식민지화 시키고 한국문화 말살정책을 비롯하여 중국에 대한 침략행위는 바로 일본 사무라이들의 좁은 소견에서 비롯된 행위이다. 현재 일본에는 두 민족이 소수민족이다. 하나는 아이누이며 다른 하나는 한국인이다. 이들에 대해서 일본은 너그럽지 못한 행동과 엄청난 차별대우를 하고 있다.

미국의 프런티어는 그렇지 않다. 비록 그들은 원주민인 인디언을 죽이고 흑인을 노예로 삼고 스페인계 사람들을 죽이기는 하였지만 프런티어는 선 굵게 뻗어 나가면서 모두를 포용하는 사상을 가지고 있다.

일본의 사무라이의 또 다른 한계는 바로 물질적인 차원에서의 부족한 현상이다. 한나라의 국력 중에서 천연자원을 비롯하여 영토와 농산물 생산 량 등 다양한 요소들이 작용을 하고 있다. 현재 일본의 사무라이는 미국의 프런티어와 비교하면 천연자원을 비롯하여 국가 국력에 필요한 기본적인 요소 면에서 엄청난 차이를 보이고 있다. 미국은 자신들 스스로 축복받은 민족이라고 자부를 하고 있다.

그 원인은 바로 미국인들은 전 세계물자의 25%나 가지고 있으며 농사를 지을 풍부한 영토가 전 세계의 4위에 해당된다. 옥토로 본다면 세계 최고의 농산물을 산출하는 옥토를 가지고 있다. 땅의 규모면에서 유럽전체 크기만한 영토를 가지고 있다. 여기에 비하면 일본은 천연자원을 비롯하여 모든 면에서 부족함이 말할 수 없을 정도로 빈약하다. 따라서 일본이 아무리 강한 사무라이 곤조를 발휘하여도 미국의 프런티어를 쫓아가는 일이 불가능하다. 속담에 "뱁새가 황새걸음 걸으면 가랑이가 찢어진다."라는 말은 바로 미국의 프런티어와 일본의 사무라이를 비교해서 생각할 수 있다.

에필로그

미국의 프런티어냐 일본의 사무라이냐, 중국의 중화주의냐를 두고서 새로운 국제질서의 재편이 전개될 전망이다. 동양의 유교문화를 바탕으로 하는 동양 삼국 중에서 일본만이 유일하게 서구문화로 분류하고 있다. 지리적으로는 동북아에 위치해 있으면서 문화적으로 서구문화로 분류되는 것은 아이러니가 아닐 수 없다.

이것은 일본이 메이지 유신을 거치면서 서구문화를 성공적으로 잘 받아들였기 때문이다. 일본이 서구문화를 잘 받아들인 원인은 바로 일본의 지배 계급인 사무라이의 무사들이 한국과 중국의 지배계급인 선비와는 다른 정신을 가지고 있었기 때문이다.

사무라이 계급은 피지배 계급인 농공상 계급에 대해서 존경을 받고 피지배 계급은 사무라이를 따르려고 하였다. 여기에서 지배 계급과 피지배 계급의 사회적 계층 간의 갈등이 아닌 화합을 가져오게 되었다. 지배 계급과 피지배 계급간의 화합이 결국 메이지 유신을 통해서 일본이 개혁에 성공을 거두게 된 가장 근본적인 원인이다.

반면에 한국과 중국이 서세동점 시대에 서구문명을 받아들이려고 노력은 하였다. 그러나 한국과 중국은 개혁에 실패를 하였다. 그 주된 원인은 바로 지배계층에 대한 피지배 계층의 불신으로 인한 계층간의 심각한 갈등이 개혁에 실패한 가장 큰 원인이다.

당시 한국사회인 조선이나 중국의 서민층은 지배층인 양반계급에 대해서 배척하는 사고를 가지고 있었다. 지배 계급의 착취가 바로 그 근본원인이다. 양반전이나 춘향전 같은 소설에서 당시 한국 사회는 변사또를 부정축재의 모델로 삼을 수 있다. 한국 사회는 지배계층의 피지배 계급에 대한 착취현상에 때문에 한국은 개혁에 실패 하였다. 중국 역시 그랬다. 지배 계급인 양반들의 일반 서민들에 대한 착취를 비롯한 횡포로 서민들은 숨을 죽이고 살아가야만 하였다.

앞에서도 언급한 동양학의 하버드 대학의 석학 페어뱅크 교수는 일본의 국수주의와 모방정신, 중국의 가족주의와 사대주의 사상이 결국 개혁의 성패를 갈라놓았다는 논리를 전개해 나가고 있다.

페어뱅크의 논리에 긍정적인 반응을 보일 수 있다. 일본의 지배 계급인 사무라이는 국수주의를 하부구조로 하고 있다. 중국의 지배 계급인 선비는 가족주의를 하부구조로 여기고 있다.

공자의 말인 수신제가 치국평천하는 중국인들에게 적용되어졌다.

우선 자신과 가족부터 생각하고 나중에 국가를 생각하여야 한다는 사상이 중국이나 한국인들의 사고이다. 일본의 지배 계급인 사무라이나 일반 서민들은 국가부터 생각하고 가족은 나중에 생각하는 정신을 바탕으로 하고 있다.

사무라이 정신은 서양의 합리주의 사상을 바탕으로 하고 있다. 그들은 두 개의 검을 차고 있다. 그들은 긴 칼인 장검과 짧은 칼인 단검을 차고 있다. 사무라이들은 자신들이 명예를 상실하였을 때는 자신이 찬칼로 할복자살을 하여야 하는 것을 불문율로 여기고 있다. 자신이 할복자살을 할 때는 반드시 배의 중앙부인 명치 바로 아래를 단검으로 찌르고 갈라서 자살을 한다.

왜 사무라이들은 복부의 명치 아래를 갈라서 자살을 할까.

이것은 사무라이 사상이 아주 합리적인 사고를 바탕으로 하고 있다는 것을 나타내고 있다.

인간의 복부의 명치 아랫부분에 대해서 철학적인 사고와 의학적인 사고로 나누어 볼 수 있다. 우선 의학적인 사고를 바탕으로 하면 명치 아래의 복부는 인간의 급소에 해당하기 때문에 자살을 할 경우 고통 없이 빨리 죽음을 맞이하게 된다는 것이다. 죽을 때에도 고통을 없애고 깨끗하게 죽자는 것이 바로 사무라이들의 합리적인 사고를 바탕으로 하는 정신인 것이다.

다음으로 철학적인 사고를 보면 인간의 복부의 명치 아랫부분은 인간의 모든 사단 칠정이 들어 있다는 것이다. 맹자는 측은지심을 설명하고 있다. 사단칠정은 인간이 가지고 있는 희로애락 애오욕이 바로 인간의 명치 끝부분의 복부 바로 아래 자락에 들어 있으며 이 부분에 사랑이 가장 많이 들어 있다는 것이다.

따라서 철학적인 사고를 바탕으로 한 사고로 볼 때 인간의 사단인 희로애락과 칠정인 희로애락 애오욕의 모든 것이 합치는 부분을 칼로 찔러서 자살함으로써 인간이 보다 승화된 인간으로 변하게 된다는 것이다.

이것은 사무라이들이 죽는 순간까지 그들이 명예를 중시 여긴다는 것을 의미한다.

사무라이 정신과 미국의 프런티어 정신을 한번 비교해 볼 수 있다. 미국의 프런티어는 미국이 유럽으로부터 출 유럽을 하여 유럽 전체 크기만 한 대륙을 동부에서 서부로 개척해 나가면서 그들이 터득해 낸 정신인 것이다. 따라서 미국의 프런티어에는 유럽인들이 가지고 있는 낭만이 없다. 미국인들은 그들이 험난한 자연을 극복하고 원주민 인디언과 싸움에 승리하기 위해서 미국인들만이 창조해낸 사고가 바로 프런티어 정신인 것이다. 따라서 미국의 프런티어는 실용주의 사고를 바탕으로 한다.

반면에 일본의 사무라이 정신은 일본 내의 춘추전국시대를 거치고 막부시대가 열리고 평화시대가 계속된 시대에 지배 계급인 무사계급을 중심으로 하여 형성된 정신이다. 사무라이 정신은 실용주의적 사고보다는 낭만주의를 바탕으로 하는 형이상학적 차원에서의 정신을 중시하고 인간의 도덕성을 바탕으로 하고 있다.

미국의 프런티어 역시 인간의 의리를 중시하기는 하지만 물질을 중시하는 실용주의를 바탕으로 하고 있다. 일본의 사무라이는 물질을 아주 경시하는 정신적인 차원의 풍요로움을 바탕으로 하고 있다.

미국의 프런티어는 물질을 중시하기 때문에 미국이 세계 최강국의 경제대국이 된 것은 이해가 간다. 그러나 물질을 경시하는 사무라이 정신을 바탕으로 하는 일본이 미국 다음의 세계 최강의 경제대국이 되었다는 것은 아이러니가 아닐 수 없다.

더구나 미국은 전 세계물자의 25퍼센트가 미국에 매장되어져 있다. 그러나 섬나라 일본은 좁은 영토에 천연자원이 부족하다.

여기에 일본의 경제적 성공은 사무라이들이 가장 중요시 여기는 신뢰를 바탕으로 하는 상인정신과 장인정신 때문에 일본이 상업에 성공을 하여 부자의 나라가 되었다.

이태리의 베니스가 상업도시로 성공을 하고 그 밖의 고대 페니키아를 비롯한 상인들이 가장 중요시 여기는 정신은 바로 상인정신과 장인정신이다. 상인정신은 물건을 파는 기술이며 장인정신은 물건을 정성껏 만드는 기술의 정신을 바탕으로 하고 있다.

사무라이 정신은 바로 신뢰성을 바탕으로 하고 있기 때문에 장사를 하더라도 일본인들은 고객과의 관계에서 신뢰를 가장 중요시 여긴다.

사무라이들이 피지배 계급인 농공상 계급으로부터 존경을 받고 서민들을 추종세력으로 만든 원인은 바로 신뢰를 바탕으로 하였기 때문이다. 사무라이들이 피지배 계급으로부터 그들이 추종하도록 만든 카리스마는 결국 신뢰성 때문이다.

일본이 유럽을 비롯한 전 세계인들이 들어가지 못하는 남미의 커피농장이나 파인애플 농장을 비롯하여 하와이 등 모든 곳에 파고들어서 성공을 한 원인은 바로 신뢰를 바탕으로 한 사무라이정신 때문이다.

상술에서 고객과의 관계에서 다른 경쟁자보다 고객에게 더 많은 이익과 혜택을 주고 고객의 취향을 경쟁사보다 한발 앞서서 고객에 맞는 모델을 지속적으로 계발해 나갈 때 고객을 추종세력화 할 수 있는 카리스마가 생기게 되는 것이다.

인간관계에서도 신뢰는 높은 도덕성과 강한 책임감과 뛰어난 업무능력을 가지고 있을 때 모든 사람으로부터 신뢰성이 생기게 되는 것이다. 사무라이들은 도덕성을 중시 여기고 책임감이 강하고 동시에 무술면에서 뛰어난 무사가 되기 위해서 많은 시간을 투자 하였다.

사무라이와 미국의 프런티어의 공통점은 양쪽 다 자신들이 물려받은 전통적인 정신을 버리고 새로운 정신을 창조해 내었다는 점이다. 이러한 점을 감안 할 때 워드워즈의 시 "어린이는 어른의 아버지"라는 윌리엄 워즈워드의 시 '무지개'의 구절이 맞아들어 간다.

미국은 유럽으로부터 출 유럽을 하면서 천 년간 계속된 유럽의 수도사 문화를 헌신짝 버리듯이 버려 버렸다.

일본의 사무라이 역시 그들이 중국과 한국으로부터 수입해 온 유교문화를 그대로 받아들이지 않았다. 사무라이들은 그들 고유의 정신을 바탕으로 하는 정신을 춘추전국 시대를 거치면서 새로운 형태로 만들어 나갔다.

그러면 사무라이 정신과 프런티어 정신이 항상 옳고 바르며 한국과 중국이 당시 서세동점에 대해서 개혁에 성공을 하지 못하고 사무라이 정신에 짓밟히고 그 후 미국과 러시아 영국의 강대국에 의한 얄타협정으로 인해서 현재까지 지구상에서 유일하게 남북이 분단된 상황에 있는 한국의 정신은 그르다고 생각하는가.

중국이 가지고 있는 보수주의를 대표하는 중국의 중화사상은 항상 후진성을 면하지 못한다고 생각하는가.

일본이 가지고 있는 사무라이 정신의 한계점은 무엇인가.

바로 국화와 칼의 정신이 그들이 가지고 있는 한계점이다. 이차대전 당시 미국 국방성의 루스 베네딕트 여사는 사무라이의 민족성을 "국화와 칼"로서 비유를 하고 있다. 일본민족은 국화를 사랑하는 문화적인 민족이기는 하지만 동시에 항상 칼을 품고 다니는 호전적인 성향을 동시에 가지고 있다는 표현을 하였다.

바로 베네딕트 여사는 일본 민족성을 정확하게 잘 표현하였다. 역사학자 토인비의 말과 같이 "역사는 그 자체를 되풀이 하며 인류의 역사는 도전과 응전의 역사"라고 규정하고 있다. 또한 《역사란 무엇인가》의 걸작을 남긴 역사학자이자 국제정치학자인 에드가 카는 "역사는 과거의 역사와 현재의 역사를 보면 미래의 역사를 알 수 있다" 고 한다.

과거 일본 사무라이들의 역사를 분석해 보면 그들은 반드시 주변국들인 한국이나 중국을 침략할 준비를 하고 있다. 또한 그들이 당한 미국에 대해서 복수의 칼을 갈고 있다.

이러한 일본인들이 가지고 있는 호전성은 그들의 장점이 되기도 하지만 결국에는 그들은 칼로서 망하게 된다. 아니면 자신이 가지고 있는 칼에 의해서 스스로 죽음을 맞이할 수도 있는 것이다. 미국 서부 개척기에 미국의 역사에 기록되는 유명한 총잡이들은 모두가 결국 총에 맞아서 죽었다.

일본이 가지고 있는 호전성과 도전성에 대해서 한국과 중국은 응전의 정신을 가지고 있다.

그러면 한국과 중국이 서세동점에 의한 개혁을 강요할 때 개혁에 실패한 원인은 무엇인가.

프랑스 혁명을 일으키는데 결정적인 역할을 한 대 사상가 장 자크 루소는 그의 사회계약론인 "고상한 야만인"에서 모든 것이 정치로 시작해서 정치로 끝난다고 하였다.

조선조 말기에 한국이 개혁에 실패한 원인은 결국 정치의 실패에 기인하는 것이다. 현재 한국은 브랜드 가치 세계 10위권에 진입하였다. 이러한 현상은 남북이 분단된 정치 상황 속에서 이정도의 성장은 엄청난 결과인 것이다. 그러나 우리에게 필요한 것은 경제성장과 함께 정치발전의 속도를 가속화 시켜 나가야만 한다.

사실상 과거의 정치상황과 비교하면 우리나라가 비록 정치 후진국 이기는 하지만 영국이나 미국과 같은 정치 선진국의 긴 역사에 비하면 상당한 발전을 하고 있는 것이다. 또한 한류 등을 비롯하여 글로벌 시대에 맞추어서 일본과는 역사적으로나 지리적으로 형제나 다름없다.

현재 일본 국보 제1호인 사유반가상은 바로 한국의 백제시대에 백제로부터 물러 받은 것이다. 우리는 일본에 대해서 평화우호적 정신을 바탕으로 하여 당시로서는 야만족에 가까운 일본을 수천 년 돌보아 왔다.

그러나 일본이 사무라이 정신을 바탕으로 하여 문화적으로 일본의 형격에 해당하는 한국을 식민지화한 역사적 사실에 대해서는 용서는 하지만 더욱 중요한 사실은 일본의 민족성인 사무라이 정신 중에서 호전성에 대해서만은 항상 경계하고 조심하여야만 한다.

단재 신채호 선생은 “역사를 잊은 민족은 비극을 되풀이 한다.” 라고 말하고 있다. 우리는 과거 일본이 일으킨 임진왜란과 정유재란을 잊지 말아야만 한다. 동시에 과거 36년간 일제 강점기 시절에 일본이 일으킨 침략적 행위를 기억하고 있어야만 한다. 특히 현재 일본이 저지르는 역사 왜곡사건, 독도 영유권 문제, 위안부 두 번 죽이기, 야스쿠니 신사 참배 등을 기억하고 있어야만 한다.

동시에 한미동맹과 미일동맹을 바탕으로 하는 한미일 공조관계는 한반도 안보를 위해서 필요하기는 하다. 그러나 근본적으로 볼 때는 우리의 배달민족 우선주의를 바탕으로 한 공조관계를 유지해 나가야만 한다.

이미 우리는 세계 10위권의 경제대국으로 도약했다. 이제 우리가 나가야할 길은 경제대국 일본과 군사대국인 중국을 넘어서 세계 패권국인 미국과 경쟁할 수 있을 정도의 세계 초일류 국가로 발전해 나가야만 한다. 끝으로 급변하는 제4차 산업혁명시대에 일본인의 의식구조를 깊이 있게 이해하는데 이글의 진정한 의미를 부여하고자 한다.

인명색인

조해경

조해경 교수는 작가이자, 철학자, 정치학자, 사회운동가이며 사회 운동에 열정적으로 참여하는 행동주의자이다. 저자는 성균관대 행정학과를 졸업하고 농아일보사에 잠깐 근무한 후 미국 유학길에 올랐다. 미국 텍사스 주 세인트 메리대에서 석사를 마치고 미국 테네시 대(녹스빌)에서 박사학위를 받았다. 미국에 있으면서 워싱턴 주립대 등에서 강의를 하였다. 귀국 후 당시 국책연구소인 현대사회연구소에서 책임연구원 겸 연구실장으로 연구를 하였다. 그 후 한국정책개발연구소 소장, 외무고등고시위원, 법제처 한국법제연구원 초청연구위원, 성균관대 대학원 초빙교수 등으로 연구와 강의를 하였다. 현재는 안양대에서 연구와 강의를 하고 있다.

영국 IBC에서 2000년 국제인상을 수상하였으며 1999년 세계인명사전(IBC 99ASIAN-PACIFIC NATIONS)에 등재되었다. 허무주의 철학사상을 바탕으로 열정적인 삶을 살고 있는 저자는《21세기 인문학》등 수많은 저서와「사르트르의 현상학적 정치철학」등 다수의 논문이 있다.

일본인의 의식구조와 문화의 이해

IQ 106의 일본인

초판 1쇄 발행 _ 2017년 11월 8일

저　　자 · 조 해 경
발 행 인 · 정 현 걸
발　　행 · 신 아 사
인　　쇄 · 토탈프로세스
출판등록 · 1956년 1월 5일 (제9-52호)
주　　소 · 서울시 은평구 통일로 59길 4(2층)
전　　화 · 02)382-6411 · 팩스 02)382-6401
홈페이지 · www.shinasa.co.kr
E-MAIL · shinasa@daum.net

ISBN 978-89-8396-246-1(03120)

정가 13,000 원